© 1976, Edizioni Guerra
Proprietà riservata sia del testo, sia del metodo adottato

Stampa: Guerra guru s.r.l. - Via A. Manna, 25 - 06080 Perugia - Tel. (075) 789090 - Fax (075) 788244

katerin katerinov

*docente presso
l'Università Italiana per Stranieri di Perugia*

LA LINGUA ITALIANA PER STRANIERI

*regole essenziali ed esercizi
con le 3000 parole più usate
nell'italiano d'oggi
e con esempi d'autore*

corso medio
lezioni

3ª edizione

edizioni guerra
perugia 1976

La mia più profonda gratitudine a tutti i Dirigenti dell'Università Italiana per Stranieri di Perugia per avermi offerto l'opportunità di sperimentare e perfezionare le idee già da lungo tempo mature, rendendo così possibile la realizzazione di quest'opera.

Ringrazio la collega e amica Prof.sa Renata Falconi, i cui illuminati consigli mi hanno guidato nella stesura del presente manuale.

Un ringraziamento particolare vada alla collega e amica Prof.sa Maria Clotilde Boriosi, coautrice per la prima parte, per la preziosa e insostituibile assistenza prodigatami durante il mio lavoro.

AVVERTENZE

A cinque anni di distanza dalla pubblicazione del presente manuale l'autore vorrebbe aggiungere alcune considerazioni che ha maturato durante la lunga fase sperimentale.

A differenza del Corso Elementare e Intermedio che costituisce un vero e proprio « metodo » e rappresenta il suo « credo ideologico » in fatto d'insegnamento di una lingua seconda, il Corso Medio e il Corso Superiore possono definirsi due *grammatiche,* una a livello avanzato e l'altra a livello superiore.

Si tratta tuttavia di grammatiche *non tradizionali,* se con tale termine ci si riferisce a dei manuali che prescrivono regole inderogabili, basate su esempi letterari del passato e quindi prive oggi di riscontro anche nella lingua scritta, piuttosto che a dei sussidi per la formazione di abiti linguistici.

In esse infatti, a differenza di quanto accade per le grammatiche « tradizionali », traspare la preoccupazione del glottodidatta oltre che del grammatico.

Entrambi i corsi si diversificano dalle grammatiche italiane oggi esistenti per obiettivi, destinatari e realizzazione. Essendo stati scritti espressamente per discenti stranieri, prendono in considerazione centinaia di casi che sono assenti o sono trattati di sfuggita nelle grammatiche italiane per italiani.

Lo spazio riservato agli esercizi fa dei due corsi il più ricco eserciziario d'italiano oggi esistente per gli stranieri.

Pur avendo indiscutibili pregi didattici, il Corso Medio non rappresenta la logica continuazione del primo volume, che peraltro costituisce un corso *completo* di lingua a livello elementare ed intermedio. Ciò in quanto è stato in parte pensato per rispondere alle esigenze dell'ambiente in cui è nato, cioè l'Università per Stranieri di Perugia.

E' noto che un manuale *ideale* per tutti i discenti e per tutte le condizioni d'insegnamento non può esistere. Spetta quindi all'insegnante il non facile compito di adattare il libro usato alle esigenze della propria classe.

L'autore ringrazia i colleghi e gli studenti che hanno avuto la bontà di segnalargli le omissioni riscontrate nell'opera e di fornirgli suggerimenti utili per un effettivo miglioramento delle edizioni successive.

PREFAZIONE

Lo scopo del presente manuale (lezioni ed esercizi) è duplice: fornire agli studenti del Corso Medio e Superiore un testo da seguire anche da soli e, nello stesso tempo offrire loro la possibilità di verificare e di consolidare le nozioni già apprese e, forse, non del tutto assimilate.

La decisione di intraprendere questo lavoro è stata motivata innanzitutto dalla scarsità dei testi destinati all'insegnamento dell'italiano a stranieri. Se per il grado elementare questa carenza può considerarsi relativa, per quello avanzato è quasi assoluta. L'attenzione degli studiosi di metodologia dell'insegnamento è infatti rivolta principalmente al grado iniziale.

L'italiano è, tra le maggiori lingue europee, l'unica a non avere ancora gli strumenti didattici adeguati ai nuovi orientamenti della metodologia dell'insegnamento delle lingue straniere. Mancano manuali basati sulla frequenza del lessico e realizzati con un criterio di continuità metodologica dalla fase iniziale a quella avanzata. Mancano del tutto testi specifici per i laboratori linguistici, che sono oggi universalmente riconosciuti sussidi insostituibili per l'acquisizione dell'automatismo delle abitudini linguistiche. Nei sussidi oggi esistenti manca ogni accenno alla tipologia e alla frequenza dell'errore di lingua, non si hanno applicazioni pratiche di linguistica contrastiva ecc.

La maggior parte dei testi, inoltre, non tiene conto di un fattore di essenziale importanza, vale a dire della grande differenza tra un tipo di discorso indirizzato a studenti italiani di scuola media (per i quali si tratta in definitiva di affinare le capacità espressive nella lingua materna) e un altro tipo di discorso da rivolgere a studenti stranieri, i quali devono affrontare le innumerevoli difficoltà di apprendere una lingua nuova.

Per quanto concerne l'aspetto lessicale dell'insegnamento, sono state tenute presenti queste particolari esigenze degli studenti stranieri, per cui si è cercato di restare nell'ambito delle 3000 parole più usate, ricavate attraverso l'accurata analisi di una decina di lavori di ricerca sulla frequenza del lessico nelle lingue moderne. Ciò perché, come ebbe a dire il Prof. Fernand Mossé del Collège de France in occasione del Convegno Internazionale dei Professori di Lingue Moderne tenuto a Bruxelles nel 1948: « Le prime 3000 parole (e i loro derivati e composti evidenti) coprono il 95% della totalità del vocabolario. 3000 parole... ecco un bagaglio lessicale che è possibile insegnare e — a patto di applicare il metodo appropriato — di far ritenere ad un allievo nel corso dei suoi studi ».

A volte, per essere coerenti con la scelta operata, ci si è visti costretti a non inserire, nelle lezioni e negli esercizi, frasi d'autore che, pur rappresentando una autorevole testimonianza di fatti grammaticali, offrono modelli lessicali che superano largamente il limite della suddetta frequenza. Nella prima parte (Corso elementare) il lessico è limitato, per ovvie ragioni, alle prime 1500 parole più usate nell'italiano d'oggi.

Anche per quanto riguarda l'aspetto morfosintattico è stata operata una precisa scelta didattica basata sulla frequenza d'uso dei modelli. Se, ad esempio, una determinata regola presenta una sola o pochissime eccezioni, si è preferito tralasciare queste ultime, perché, citandole, si temeva di sviare l'attenzione dei discenti dalla norma, per fissarla invece su fatti di secondaria importanza e, quindi irrilevanti ai fini dell'uso.

Anche qui è stata talvolta sacrificata la frase d'autore a favore della frase corrente. Ciò nell'intento di arricchire il bagaglio *attivo* degli studenti, di fornire loro modelli di frasi da usare subito, nella vita di ogni giorno. Questa scelta apparirà meno arbitraria, solo che si pensi alla differenza tuttora esistente nell'italiano tra lingua scritta e lingua parlata.

E' abolita la vecchia divisione fra « Morfologia » (intesa come studio delle forme grammaticali in sé) e « Sintassi » (intesa come studio del significato di queste forme nel contesto del discorso). Le forme, in tutte le loro variazioni, vengono studiate parallelamente a ben precise relazioni sintattiche. I mutamenti morfologici, cioè, sono visti come motivati dalle esigenze sintattiche.

Nell'affrontare gli argomenti di studio si è cercato, ove ciò era possibile, di presentarli nei loro rapporti dialettici (l'imperfetto in opposizione al perfetto, il passato remoto in opposizione al passato prossimo, i trapassati in rapporto ai passati ecc.), al fine di dare una visione d'insieme dei fatti grammaticali e di evidenziarne le molteplici correlazioni.

Una particolare attenzione è stata dedicata alla scelta dell'ordine di trattazione degli argomenti di studio, allo scopo di raggiungere una « catena » tale di soggetti, per cui la conoscenza dei precedenti fosse necessaria premessa all'apprendimento di quelli successivi.

Nel presente manuale si è fatto uso di frasi-slogan e di alcuni grafici che potessero colpire l'immaginazione e l'attenzione degli studenti in maniera più efficace di lunghi discorsi teorici, difficili da seguire. Si ritiene infatti che la glottodidattica possa a buon diritto ricorrere a qualche espediente (come fa per esempio la pubblicità) per raggiungere il subconscio dei discenti là dove essi a livello cosciente troverebbero maggiori difficoltà a recepire certi messaggi a loro diretti.

Per quanto riguarda la terminologia grammaticale (quella tradizionale e quella più moderna), nella prima fase si è evitato al massimo di farne uso. Per la fase media e avanzata (futuri specialisti ed insegnanti di italiano) la limitazione non è stata altrettanto rigorosa. D'altra parte il termine serve soltanto a *suggerire*, ad *aiutare* la memoria. Va tenuto conto anche del fatto che un certo tipo di studenti, quelli cioè che hanno studiato altre lingue, vogliono ritrovare anche nell'italiano la terminologia già nota, mettendo così l'insegnante nella condizione di dover fornire tale terminologia grammaticale, riconducibile agli schemi della grammatica greco-latina.

La parte grammaticale qui esposta non riflette necessariamente il procedimento didattico. In classe, per ogni argomento nuovo viene proposto prima l'esempio tratto dall'eserciziario e quando sorge la difficoltà (questa sorge immancabilmente, trattandosi di argomenti nuovi), viene spiegato il singolo caso, nel momento in cui la classe è già stimolata e quindi disposta a recepire il messaggio. Le frasi dell'eserciziario — soprattutto le prime dieci-quindici riflettono l'andamento della lezione teorica.

In questo modo la grammatica viene direttamente dedotta dall'uso, cioè dall'esempio.

Lo strumento didattico principale è infatti l'esempio. Meglio mostrare più volte che spiegare anche bene una sola volta. L'assimilazione di strutture nuove dovrebbe avvenire mediante l'approccio ad un testo logico e non attraverso la memorizzazione meccanica di tutte le forme insieme. Nel presente manuale manca quindi quel tipo di esercizi che consiste nel far trasporre in un determinato tempo verbi isolati o frasi avulse da un contesto del tipo: « La madre è buona », « Lo scolaro è diligente », « Imparo l'italiano - Imparavo l'italiano » ecc.

La migliore unità strutturale da usare come esempio ai fini dell'insegnamento e dell'esercitazione è quella che rappresenta una situazione reale in tutto il suo sviluppo. Se, ad esempio, per introdurre un argomento come il periodo ipotetico ci serviamo di una frase del tipo: « Se Mario (ascoltare) il suo meccanico (non avere) l'incidente », facciamo un esercizio utile e buono ma artificioso, in quanto il discente può sostituire all'infinito il modo ed il tempo convenienti anche senza una partecipazione attiva, seguendo cioè pedissequamente lo schema appreso. Se, viceversa, presentiamo i fatti in modo da creare una situazione riscontrabile nella realtà, l'esercizio risulterà più naturale ed efficace.

Es. I. *premessa*: « Mario non ha ascoltato il suo meccanico ed ha avuto un incidente ». 2. Frase *deducibile* « Se Mario avesse ascoltato il suo meccanico non avrebbe avuto l'incidente ».

Riguardo alla pratica della traduzione va osservato che questa non è mai usata come effettivo strumento di studio, come mediatrice di fatti linguistici, bensì come prezioso sussidio. A livello elementare si è cercato di ridurla al minimo onde evitare i pericoli chiaramente intuibili. Secondo Parreren *Systemtheorie*, p. 215 «le indicazioni comparative sulla diversità (fra le due lingue *n.d.a.*) non evitano il pericolo di confusione, ma addirittura lo promuovono». Al livello medio e avanzato, invece, si ricorre più di frequente alla traduzione, rivelandosi questa di grande utilità. A questo proposito si consiglia anche la retroversione con frasi scelte dall'eserciziario (tradurre nella lingua materna e poi a distanza di tempo, ritradurre in italiano). Non si può infatti ignorare che ogni persona che studia una lingua straniera tende a tradurre dalla propria. Si tratta di un processo psicologico oggettivo, naturale e come tale va sfruttato nell'insegnamento. L'insegnante non dovrebbe fingere di non accorgersi di questo fatto tanto comune, ma dovrebbe, anzi, cercare di utilizzarlo nel migliore dei modi, controllandolo affinché non superi il ruolo che gli spetta. Per limitare la necessità di tradurre, l'insegnante deve fornire gli elementi nuovi in strutture già assimilate offrendo così allo studente la possibilità di ricavarne immediatamente il senso dal contesto stesso. E' naturale che lo studente non sia tentato di tradurre solo quando capisce subito ciò che sente o legge.

Nel compilare il presente manuale si è tenuto conto di una questione estremamente importante e non abbastanza considerata: quella di accertare perchè non pochi studenti, una volta superata la prima fase dell'apprendimento ed essendo quindi in grado di eseguire senza troppa difficoltà determinati esercizi, nel momento in cui sono costretti a parlare o a scrivere «senza guida», commettono tanti e tali errori, da obbligare l'insegnante a rimettere in discussione la validità del proprio metodo. A parte la maggiore o minore disposizione degli studenti allo studio delle lingue, la causa di tale increscioso e frequente fenomeno sarebbe imputabile soprattutto alla mancanza di una sistematica ed adeguata esercitazione pratica delle nozioni apprese, seconda e non meno importante fase dell'apprendimento di una lingua. A tal fine si è pensato di approntare una raccolta di esercizi per la cui preparazione si è tenuto conto dei risultati di uno studio da me condotto sulla tipologia e sulla frequenza degli errori commessi in italiano da studenti di lingua inglese, francese, tedesca, spagnola. Ciò permetterà all'insegnante di indirizzare il proprio lavoro in chiave contrastivistica ponendo cioè l'accento sulle differenze tra lingua materna (L 1) e la lingua da apprendere (L 2).

La raccolta di esercizi comprende anche una decina di *test*, ciascuno dei quali concerne un gruppo di soggetti grammaticali già trattati e contiene inoltre gli errori più frequenti commessi nei test precedenti, errori debitamente schedati e studiati in rapporto alle interferenze della lingua materna dello studente. E' facile intuire che questa serie di test (con circa 300 quesiti complessivamente), proposti a poco tempo di distanza dalla trattazione dei soggetti grammaticali, costituisce uno strumento di controllo e di ricapitolazione.

Alla fine si è ritenuto opportuno inserire un gruppo omogeneo di letture, commentate dal punto di vista lessicale e talvolta anche grammaticale in grado di mediare agli studenti un'idea generale sull'Italia vista dagli stranieri. Oltre agli altri pregi, tali letture presentano il non indifferente vantaggio di suscitare scambi di idee e discussioni in classe, promuovendo in tal modo l'acquisizione motivata di sempre nuovi modelli linguistici.

Nella storia della linguistica applicata sono frequenti le esaltazioni unilaterali di un sistema e la totale negazione di un altro. Il nuovo si presenta spesso come negazione della tradizione.

Per noi il termine « tradizionalista » non ha sempre un significato deteriore come « antitradizionalista » non ha sempre un significato positivo.

Per noi essere « antitradizionalisti » non significa infatti rompere con la tradizione, rinnegare in assoluto la sua esperienza, bensì prenderne il meglio e adattarlo alle nuove esigenze e alle nuove scoperte scientifiche, che a loro volta sono soggette ad invecchiare e destinate quindi ad essere rinnegate. La scienza non può essere intesa come rottura con ogni fase precedente bensì va interpretata come negazione dialettica riconducibile, se si vuole, alla triade hegeliana: tesi, antitesi, sintesi.

Nella compilazione della parte teorica e degli esercizi si è tenuto conto degli ultimi sviluppi e tendenze della glottodidattica, ma ci si è lasciati guidare anche dalla quotidiana esperienza in classe perfezionando o scartando tutto ciò che la pratica stessa confermava o respingeva. Ciascuna operazione didattica, infatti, è stata sperimentata con centinaia di studenti con un intenso orario settimanale. Non tutti i nostri studenti a livello medio e avanzato, d'altra parte, vanno alla ricerca di metodi « antitradizionali », anzi molti di loro, dotati di una certa preparazione culturale e linguistica (si sa che l'italiano difficilmente è la prima lingua straniera per molti), si stancano presto delle varie operazioni trasformazionali, di riempire di nuovo materiale lessicale strutture già note (drills), hanno la sensazione di stare a perdere tempo e di fare ciò che potrebbero fare benissimo anche a casa. Tali studenti chiedono esplicitamente la sintesi.

D'altra parte ci sono soggetti grammaticali che non si possono assimilare se non attraverso l'analisi sintattica, diciamo pure un po' « tradizionale » dei fenomeni visti in strutture più vaste o isolate (la consecutio temporum et modorum, l'aspetto dell'azione inteso come perfettibilità e imperfettibilità ecc.).

Il presente manuale non ha la pretesa di sostituirsi in nessun modo ad una grammatica normativa, che contempli tutto su tutti gli argomenti. Si è soltanto voluto dare un modesto contributo alla diffusione dello studio dell'italiano e, nella consapevolezza delle difficoltà di questo compito si è convinti che alla presente edizione ne seguiranno altre, rivedute alla luce dei nuovi orientamenti didattici e dei suggerimenti che studenti e colleghi vorranno darci.

K. K.

1. LE CONSONANTI GEMINATE (DOPPIE)

pronuncia e grafia

Tutte le consonanti italiane possono essere **geminate** (doppie).

I. **Natura fonica:**

Le consonanti italiane sono geminate o « doppie » solo nella grafia, ma non nella pronuncia. Sono « **rafforzate** »: « bb » (dubbio), « pp » (doppio), « cc » (bocca); oppure « **allungate** »: « ff » (affatto), « rr » (carro), « ss » (cassa).

Le consonanti geminate hanno un solo inizio e una sola fine: **una sola articolazione** (di fronte al nome polacco di « Anna », cui risponde in polacco una doppia articolazione della « nn » (=n+n), in italiano alla stessa grafia di « Anna » corrisponde nella pronuncia una sola « nn » rafforzata).

II. Le consonanti geminate danno luogo a differenziazioni di significato:

Esempi:

fato-fatto; pena-penna; caro-carro; seno-senno; anulare-annullare; cane-canne; copia-coppia; fumo-fummo; papa-pappa; sano-sanno, ecc.

III. Le consonanti « doppie » si trovano:

a) tra vocale e vocale: a**ll**ora; me**zz**o; fa**tt**o, ecc.;
b) tra vocale e una « r » o « l »: a**pp**rovare; a**pp**laudire, ecc.

IV. Una consonante tra due vocali, di cui la prima **accentata** (1), è quasi sempre « doppia ». L'accento, quindi, ha un ruolo di **primo** piano: màmma; bàbbo; nònna; cùccia, ecc.

L'influsso dell'accento si sente anche in parole composte, di cui la prima componente finisce in **vocale accentata**:

Esempi:

sì+come = siccome   da+mi = dammi
così+detto = cosiddetto   di +mi = dimmi
là+su = lassù   fa +mi = fammi, ecc

---

(1) Si intende l'accento nella pronuncia, non nella grafia.

V. Si ha la consonante « doppia » sempre dopo i seguenti prefissi:
« A »: cadere-aCCadere; fiore-aFFiorare; valore-aVValorare; breve-aBBreviare; pronto-aPProntare, ecc.

N.B.: Fa eccezione il prefisso « A » che deriva dall'« a » privativa greca (« a » = privo di, non...): politico-aPolitico, aFono (senza voce).

« RA »: buono-raBBonire; gruppo-raGGruppare, ecc.;
« IN »: legale-iLLegale; raggio (radio)-iRRadiare; mettere-iMMettere;
« CON »: nazionale-coNNazionale; lato-coLLaterale, ecc.;
« SU », « SO »: dividere-suDDividere; borgo-soBBorgo; portare-soPPortare; levare-soLLevare, ecc.

in parole composte con:

« CONTRA »: contraVVeleno, ecc.;
« DA »: daVVero, ecc.;
« FRA »: fraTTanto, fraTTempo, ecc.;
« SOPRA », « SOVRA »: sopraTTutto, sovraNNaturale, ecc.;
« E »: eCCome, ePPure, ecc.;
« O »: oPPure, oVVero, ecc.;
« NE »: nePPure, ecc.;
« SE »: seBBene, ecc.;

Nelle parole polisillabiche (di almeno quattro sillabe), se la prima vocale sta lontano dall'accento, porta un accento secondario che è sufficiente per provocare la geminazione della consonante successiva:

Esempi:

pelegrino-peLLegrino; academico-aCCademico.

Nella maggior parte dei suffissi accrescitivi, peggiorativi o diminutivi:

Esempi:

« accio »: omaccio; « azzo »: codazzo; « ello »: ramoscello; « etto »: piccoletto; « otto »: grassotto; « uccio »: amoruccio; « aggine »: goffaggine.

VI. Per la maggior parte dei casi, una spiegazione logica si trova soltanto nella grammatica storica. Si può comunque affermare che è soprattutto l'assimilazione che dà luogo alla geminazione:

Esempi:

faCTum-faTTo; doCTore(m)-doTTore; dom(i)nam-doMNa-doNNa; ven(i)rò-veNRò-veRRò.

VII. Ci sono infine alcune parole la cui grafia ammette sia la doppia sia la semplice consonante:

Esempi:

iMMagine-iMagine; diNNanzi-diNanzi, ecc.

VIII. **Considerazioni intorno ad alcune consonanti:**

La « Z » e la « ZZ » non si distinguono foneticamente: sono sempre lunghe.

a) la « z » dopo consonante è **sempre** semplice: orzo, Pinzetti, ecc.;

b) la « z » intervocalica:

1) se seguita da due vocali è sempre semplice: aZione, naZione, aZione;

2) se seguita da una sola vocale è sempre « doppia »: organiZZare, giovineZZa, piaZZa, ragaZZa, ecc.

La « Q » raddoppiandosi, si fa precedere da « c » (=Cq): aCQua.

La « G » non è mai doppia davanti a « ione »: raGione, staGione, piantaGione, ecc.

IX. Gli italiani del nord (in modo particolare i Veneti) hanno la tendenza a semplificare le doppie:

Esempi:

maTone (maTTone); doPio (doPPio), ecc.

Viceversa, al sud raddoppiano anche là dove non è necessario:

Esempi:

roBBa (roBa); ciBBo (ciBo); oNGNuno (oGNuno), ecc.

X. Un altro caso di raddoppiamento solo fonico e non grafico si ha quando la consonante iniziale di una parola subisce la carica dell'accento dell'ultima vocale della parola precedente:

Esempi:

« cantò bene » (grafia), pronuncia: cantò BBene (ma: « cànto bene »);
« si sentì male » (grafia), pronuncia: « si sentì MMale » (ma: « si sènte male »);
« che dici? » (grafia), pronuncia: « che DDici? »;
« vieni qui! » (grafia), pronuncia: « vieni QQui! ».

Questo fenomeno è noto nella letteratura scientifica sotto il nome di **fonetica sintattica.**

2. DIVISIONE DELLE PAROLE IN SILLABE

1) La consonante semplice fra due vocali va con la seconda vocale:

Esempi:

o-do-re   sa-po-re   co-lo-re

2) La consonante doppia si divide:

Esempi:

dop-pio   fer-ro   gras-so   bel-lis-si-mo   paz-zo   tet-to   gram-ma-ti-ca

3) Due consonanti fra due vocali:

a) se la prima è **r, l, m, n** resta con la sillaba che precede:

Esempi:

cor-po   col-po   cam-po   can-to

b) se la prima **non** è **r, l, m, n** va con la sillaba che segue:

Esempi:

que-sto   ri-stam-pa-re   A-tlan-ti-co   ca-sco   que-stio-ne

4) I dittonghi (due vocali pronunciate con la durata di una sola) non si separano. Restano con la sillaba che precede:

Esempi:

vie-ni   fiu-me   fuo-co   u-gua-le   pie-no   pie-tra

3. L'ARTICOLO

Nella maggior parte dei casi in italiano il nome è accompagnato dall'articolo.

L'articolo determina il nome e ne distingue il genere ed il numero.

Esempi:

lo studente che abbiamo visto = non uno studente qualsiasi, ma quello di cui abbiamo parlato o stiamo parlando;
uno studente = uno studente qualsiasi, non è precisata bene la persona.

L'articolo è dunque **determinativo** o **indeterminativo.**

L'articolo determinativo

L'articolo determinativo precede il nome e ne determina il genere e il numero.

Forme dell'articolo

	SINGOLARE	PLURALE
MASCHILE	il	i
	lo l'	gli
FEMMINILE	la l'	le

La diversità delle forme dell'articolo per lo stesso numero e genere è dovuta ad un principio fondamentale della fonetica italiana: quello di **evitare di accumulare troppe consonanti o troppe vocali**, e di ottenere l'alternanza consonante-vocale-consonante-vocale...:

i l   r a g a z z o
v c   c v c v c v

i l   s t u d e n t e («l st»: tre consonanti, per cui si usa la forma: **lo**)
v c   c c v..........

l o   s t u d e n t e
c v   c c v..........

Quindi:

IL MASCHILE

il per il singolare, **i** per il plurale:
per i nomi che cominciano per consonante: **il** ragazzo, **i** ragazzi;

lo per il singolare, **gli** per il plurale:

per i nomi che cominciano con « s » seguita da un'altra consonante, con « z » con « j », con il gruppo « ps » o con vocale.

lo studente	**gli** studenti
specchio	specchi
zio	zii
jugoslavo	jugoslavi
psicologo	psicologi

lo davanti a vocale si apostrofa:

l'amico   **gli** amici

IL FEMMINILE

la per il singolare, **le** per il plurale:

la ragazza	**le** ragazze
studentessa	studentesse
zia	zie
jugoslava	jugoslave

la davanti a vocale si apostrofa:

l'amica	**le** amiche

Lo stesso principio fonetico vale anche per le forme degli aggettivi « bello » e « quello », che seguono quelle dell'articolo:

il	ragazzo	bel	ragazzo	quel	ragazzo
i	ragazzi	bei	ragazzi	quei	ragazzi
la	ragazza	bella	ragazza	quella	ragazza
le	ragazze	belle	ragazze	quelle	ragazze
lo	specchio	bello	specchio	quello	specchio
gli	specchi	begli	specchi	quegli	specchi
l'	uomo	bell'	uomo	quell'	uomo
gli	uomini	begli	uomini	quegli	uomini
l'	amica	bell'	amica	quell'	amica
le	amiche	belle	amiche	quelle	amiche

Nota bene:

Se gli aggettivi « bello » e « quello » seguono il nome, tale norma fonetica non viene più seguita:

Ho un **bel** cane; però: il mio cane è **bello**.
Preferisco **quel** disco; però: il disco che preferisco è **quello**.

L'articolo indeterminativo

L'articolo indeterminativo precede il nome e ne indica il genere e il numero.

Forme dell'articolo indeterminativo

	SINGOLARE	PLURALE
MASCHILE	un	dei
	uno	degli
FEMMINILE	una	delle
	un'	

Anche per l'articolo indeterminativo è valida la norma fonetica di **evitare di accumulare troppe consonanti e troppe vocali.**

IL MASCHILE

un per il singolare, **dei** per il plurale:
per i nomi che cominciano per consonante (gli stessi che prendono l'art. determ. **il-i**)

| **un** ragazzo | **dei** ragazzi |
| cane | cani |

uno per il singolare, **degli** per il plurale:
per i nomi che prendono l'art. determ. **lo-gli**:

uno studente	**degli** studenti
specchio	specchi
zio	zii
psicologo	psicologi

un per il singolare, **degli** per il plurale:

per i nomi che cominciano per vocale (quelli che prendono l'art. determ. **l'-gli**)

| **un** amico | **degli** amici |
| albero | alberi |

IL FEMMINILE

una per il singolare, **delle** per il plurale:

una ragazza	**delle** ragazze
studentessa	studentesse
zia	zie

una davanti a vocale si apostrofa:

| **un'**amica | **delle** amiche |

Lo stesso principio fonetico vale anche per le forme dell'aggettivo «buono», che seguono quelle dell'articolo indeterminativo:

un ragazzo-buon ragazzo, **una** ragazza-buona ragazza;
uno studente-buono studente, **una** studentessa-buona studentessa;
uno zio-buono zio, **una** zia-buona zia, ecc.

Al plurale:

«buoni» per il maschile: buoni ragazzi, buoni studenti, ecc.;
«buone» per il femminile: buone ragazze, buone studentesse.

Nota bene

L'aggettivo «buono» rimane inalterato se segue il nome:
Ho bevuto del **buon** vino; il vino che ho bevuto era **buono**.

USO DELL'ARTICOLO

L'articolo determinativo si usa:

1) Quando il nome è determinato:
   Questa è la casa dove abito (non una casa qualsiasi).

2) Con gli aggettivi e i pronomi possessivi:
   Quella è la sua casa. Tu vai per la tua strada.

3) Con valore possessivo:
   Vado a lavare la macchina (= la **mia** macchina).
   Mi ha dato la mano (= la **sua** mano).

4) Con i nomi di continenti, isole, monti, paesi, mari, laghi e fiumi usati come soggetto o complemento oggetto:
   L'Africa è chiamata il continente nero. La Sicilia, Le Alpi, la Francia, il Mar Rosso, il Garda, il Po, il Tevere.

5) Con valore temporale (con le ore è sempre articolato al plurale femm.):
   Alle tre verrò a casa tua.
   In Italia preferisco viverci l'estate piuttosto che l'inverno.

6) Con valore distributivo:
   Le arance le ho pagate 250 lire il chilo (ogni chilo).

7) Con i cognomi di autori, di personaggi illustri:
   Sono dei versi giovanili del Carducci. Le novelle del Boccaccio.

8) Con i soprannomi:
   Pietro il Grande, Giovanni il Terribile, l'Innominato; il Giorgione, Giovanna la Pazza.

9) Con i nomi che indicano tutt'una specie, una categoria:
   Il lupo si nutre di carne (non un solo animale, ma tutti i lupi).

10) Con i titoli (eccetto: don, donna, mastro, fra', suor):
    Il professor Petrilli, l'avvocato Mancini, il Conte Lippi.

11) Con i nomi propri o i cognomi che stanno ad indicare non la persona ma un'opera d'arte:
    In questi ultimi mesi mi sono riletto tutto il Petrarca.

L'articolo determinativo non si usa:

1) In espressioni generiche del tipo:
   Ho sete, ho fame, ho sonno, ho voglia, ecc.

2) Con i nomi Dio, Nostro Signore:
   Come vuole Dio. Rese omaggio a Nostro Signore.

3) Nelle descrizioni e nelle enumerazioni:
   Dalla finestra vedevo uomini, donne, bambini, animali, tutti diretti verso il monte.

4) Nelle apposizioni:
   Maria Stuarda, regina di Scozia, annunciò il suo rifiuto.

5) Spesso nei predicati nominali, soprattutto con nomi di professione:
   Per molti anni è stato direttore dell'Istituto.
   È professore all'Università.

6) Con gli appellativi, titoli, ecc. (don, donna, mastro, fra', suora):
   Don Rodrigo, San Francesco, Mastro Don Gesualdo, Fra' Cristoforo.

7) Con gli aggettivi possessivi riferiti a nomi di parentela al singolare:
   Nostra madre, tuo fratello, mia zia, vostro cugino.

8) Con i dimostrativi:
   Io vivo in questa città (**non**: nella questa città).

9) Con i nomi di città (con pochissime eccezioni: La Spezia, L'Aquila, L'Aia, L'Avana, Il Cairo):
   Parto per Parigi. Vivo a Londra. Roma è la capitale d'Italia.

10) Con i nomi propri maschili (con quelli femminili è ammesso nel linguaggio familiare):
    Son stato con Pietro e Giovanni, c'era anche **la** Maria.

11) Con i nomi propri e cognomi di autori e personaggi illustri, citati insieme:
    Sono versi giovanili di Giosuè Carducci.

L'articolo Indeterminativo si usa:

1) Con valore indefinito:
   Ho comprato un tavolo (un tavolo qualsiasi).

2) Con i nomi che indicano tutta una categoria:
   Un uomo non deve agire così (ogni uomo, gli uomini).

3) Con i nomi propri o i cognomi che stanno ad indicare non la persona, ma un'opera d'arte:
   Questo è un Bellini prima maniera.
   Dalla cattedrale di Ancona hanno rubato un Raffaello.

---

4. LE PREPOSIZIONI SEMPLICI E ARTICOLATE

Le preposizioni italiane sono: di, a, con, per, tra (fra), su, da, in. Sono parte invariabile del discorso.

Si uniscono all'articolo determinativo, dando luogo alle **PREPOSIZIONI ARTICOLATE**.

Esempi:

Acqua **di** mare
L'acqua **di+il** mare — l'acqua **del** mare.

Tale unione **è obbligatoria** con le preposizioni **di, a, su, da, in.**

	+ il	= del		+ il	= dal
	+ lo	= dello		+ lo	= dallo
	+ la	= della		+ la	= dalla
Di	+ l'	= dell'	Da	+ l'	= dall'
	+ i	= dei		+ i	= dai
	+ gli	= degli		+ gli	= dagli
	+ le	= delle		+ le	= dalle

	+ il	= al		+ il	= nel
	+ lo	= allo		+ lo	= nello
	+ la	= alla		+ la	= nella
A	+ l'	= all'	In	+ l'	= nell'
	+ i	= ai		+ i	= nei
	+ gli	= agli		+ gli	= negli
	+ le	= alle		+ le	= nelle

	+ il	= sul
	+ lo	= sullo
	+ la	= sulla
Su	+ l'	= sull'
	+ i	= sui
	+ gli = sugli
	+ le	= sulle

Con le preposizioni **CON** e **PER** tale unione è invece **facoltativa**, e c'è la tendenza, soprattutto con PER, a non fondere le due forme.

	+ il	= col	(con il)		+ il	= pel	(per il)
	+ lo	= collo	(con lo)		+ lo	= pello	(per lo)
	+ la	= colla	(con la)		+ la	= pella	(per la)
Con	+ l'	= coll'	(con l')	Per	+ l'	= pell'	(per l')
	+ i	= coi	(con i)		+ i	= pei	(per i)
	+ gli	= cogli	(con gli)		+ gli	= pegli	(per gli)
	+ le	= colle	(con le)		+ le	= pelle	(per le)

La preposizione **FRA** (tra) non si fonde con l'articolo.

Esempi:

Fra la porta e la finestra.
Fra il mio e il tuo.

5. IL NOME (SOSTANTIVO): GENERE E NUMERO

Il genere

Il nome italiano ha due generi: il MASCHILE e il FEMMINILE. Si distinguono per la desinenza. La desinenza dei nomi italiani è sempre una vocale.

Singolare

1) -o I nomi con la desinenza in -o sono **maschili** (il ragazzo, il fratello, il libro, l'albero, lo specchio, il telefono).

Eccezioni:
   Alcuni nomi con la desinenza in -o sono femminili (la dinamo, la radio, la mano).

2) -a I nomi con la desinenza in -a sono prevalentemente **femminili** (la ragazza, la sorella, la scuola, la macchina, la musica, l'università, la città).

Eccezioni:
   Alcuni nomi con la desinenza in -a sono maschili (il panorama, il telegramma, il profeta, l'autista).

3) -e I nomi con la desinenza in -e sono:
   a) **maschili** (il padre, il fiore, il giornale, il professore, lo studente, il cane);
   b) **femminili** (la madre, la chiave, la moglie, la scrittrice, la lezione, la classe).

4) -ù I nomi con la desinenza in -ù sono **femminili** (la gioventù, la virtù, la servitù, la tribù).

5) -i I nomi con la desinenza in -i sono **femminili** (la crisi, la metropoli, la sintesi, la parentesi).

Eccezioni:
   Alcuni nomi con la desinenza in -i sono maschili (il brindisi, l'alibi).

6) Eccezionalmente **terminano in consonante** alcune voci di origine straniera: il film, lo sport, il gas, il tram, l'alcool, il bar, il tennis.

Osservazioni sul genere

A) Sono generalmente **maschili** i nomi di:
1) esseri viventi di sesso maschile (il gatto, il leone);
2) alberi da frutta (il pero, il melo, l'arancio);

3) monti (il Cervino, il Monte Bianco, il Kilimangiaro);
4) mesi e giorni (eccetto **la** domenica): (Gennaio, Marzo, lunedì, sabato);
5) laghi (il Garda, il Trasimeno).

B) Sono generalmente **femminili** i nomi di:
1) esseri viventi di sesso femminile (la gatta, la gallina, la pecora);
2) frutti (la pera, la mela, l'arancia, l'uva, la banana);
3) isole (l'Elba, la Sardegna, la Sicilia);
4) nomi astratti indicanti qualità (la bellezza, l'intelligenza).

C) Per alcuni nomi di esseri viventi il genere grammaticale corrisponde al genere naturale: alcuni presentano forme completamente diverse, altri mutano la desinenza: l'uomo-la donna; il padre-la madre; il fratello-la sorella; il maschio-la femmina; il marito-la moglie; il gatto-la gatta; l'asino-l'asina; il cavallo-la cavalla; il consigliere-la consigliera; lo studente-la studentessa; il professore-la professoressa.

D) Alcuni nomi hanno il genere grammaticale comune e si distinguono per l'articolo:

-e (il consorte-la consorte; il, la nipote; il, la parente; il, la cantante; l'insegnante-gli, le insegnanti);

-ista (il, la pianista; un, un'artista);

-cida (il, la fratricida; un, un'omicida).

E) Alcuni nomi di animali hanno un'unica forma, o maschile o femminile, per i due generi. Non si distinguono nemmeno per l'articolo:
Esempi:
il corvo, il topo, la pantera.

Si fanno seguire da « maschio » o « femmina »: il topo maschio, il topo femmina; la pantera maschio, la pantera femmina.

Il numero

La desinenza più frequente del plurale è la vocale « i ». Soltanto i nomi femminili in « -a » hanno il plurale in « -e » (casa-case).

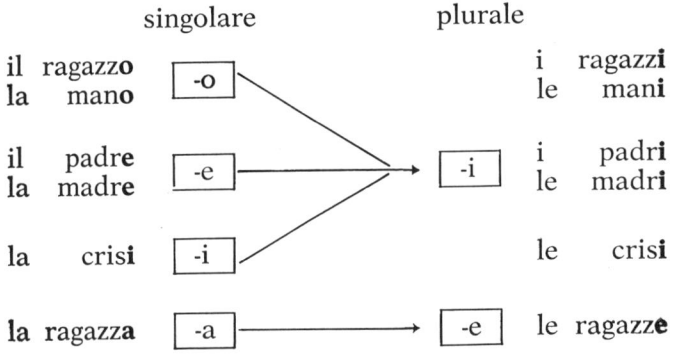

1) **Non cambiano al plurale:**

   a) i nomi maschili in consonante (lo sport, gli sport);
   b) i monosillabi (il re, i re; la gru, le gru);
   c) i nomi femminili in -i (la crisi, le crisi);
   d) i nomi femminili in -ie (la serie, le serie);
   e) i nomi composti da un verbo e da un nome già plurale (il portalettere, i portalettere);
   f) i nomi femminili in -à, -ù (la città, le città; la virtù, le virtù).

2) I nomi femminili in -ca e -ga fanno al plurale -che e -ghe (l'amica-le amiche; la riga-le righe).

3) I nomi maschili in -co e -go:

   a) **-co e -go preceduti da vocale:**

singolare	plurale	
-co	-ci	: il sindaco - i sindaci;
-go	-gi	: l'astrologo - gli astrologi;

   b) **-co e -go preceduti da consonante:**

singolare	plurale	
-co	-chi	: l'affresco - gli affreschi;
-go	-ghi	: il chirurgo - i chirurghi;

   c) **-co e -go in parole bisillabiche (composte da due sillabe):**

singolare	plurale	
-co	-chi	: l'arco - gli archi;
-go	-ghi	: l'ago - gli aghi.

Nota

I nomi in -co e -go presentano molte eccezioni:

— il greco - i greci (bisillabo);
— il castigo - i castighi (preceduto da vocale);
— il carico - i carichi (preceduto da vocale).

4) I nomi maschili in -io (« i » non accentata) fanno al plurale -i:
(lo studio-gli studi, il negozio-i negozi).

I nomi maschili in -io (« i » accentata) fanno al plurale -ii:
(il pendio-i pendii, lo zio-gli zii).

5) I nomi femminili in -cia, -gia (« i » non accentata) fanno al plurale -ce, -ge: (la caccia-le cacce, la pioggia-le piogge).

In nomi femminili in -cia, -gia («i» accentata) fanno al plurale -cie, -gie:
(la farmacia-le farmacie, la bugia-le bugie).

6) Alcuni nomi hanno il **plurale irregolare**:
(il dio-gli dei, il bue-i buoi, mille-mila).

7) Alcuni nomi hanno **soltanto il plurale**:
(le stoviglie, le manette, gli occhiali, le nozze, le redini).

8) Alcuni nomi hanno **soltanto il singolare**:
(la fame; il miele; il sangue).

9) Alcuni nomi **maschili** al plurale **diventano femminili**:
(il dito-le dita, l'uovo-le uova).

10) Alcuni nomi **hanno due plurali con significati diversi**:
il muro-i muri o le mura (di cinta);
il braccio-le braccia o i bracci (di un edificio, ecc.);
l'urlo-le urla (umane) o gli urli (degli animali).

11) **I nomi composti** cambiano al plurale in maniere diverse:

   a) **cambiano la seconda parte**:
     (la madreperla-le madreperle);
     (il biancospino-i biancospini);

   b) **cambiano tutte e due le parti**:
     (la mezzaluna-le mezzelune);
     (l'altopiano-gli altipiani);

   c) i nomi composti con « **capo** »:

1) **cambiano la seconda parte**   (il capolavoro-i capolavori);
2) **cambiano tutte e due le parti**   (il capoluogo-i capiluoghi);
3) **cambiano la prima parte**   (il caposquadra-i capisquadra).

---

6. IL VERBO

Le coniugazioni

Con la coniugazione il verbo viene determinato dal punto di vista della persona, del numero, del tempo, del modo e del genere.

Esempio:

« essere »: Maria **è stata** a Todi.

La forma « è stata » esprime: la terza persona, il singolare, il passato prossimo del modo indicativo, il femminile.

I verbi italiani sono divisi in tre gruppi (coniugazioni).
Alla prima coniugazione appartengono i verbi che all'infinito terminano in -ARE (amare, lavorare, guardare, ecc.). Alla seconda coniugazione appartengono i verbi che all'infinito terminano in -ERE (temere, credere, vedere, ecc.). Alla terza coniugazione appartengono i verbi che all'infinito terminano in -IRE (capire, finire, sentire, ecc.).

7. FORME DELL'INDICATIVO PRESENTE (1) — CONIUGAZIONE REGOLARE

I. -are (guardare)		II. -ere (vedere)		III. -ire (sentire)	
io (2)	guardo	io (2)	vedo	io (2)	sento
tu	guardi	tu	vedi	tu	senti
egli	guarda	egli	vede	egli	sente
noi	guard**iamo** (3)	noi	ved**iamo** (3)	noi	sent**iamo** (3)
voi	guardate	voi	vedete	voi	sentite
essi	guardano (4)	essi	vedono (4)	essi	sentono (4)

8. I VERBI AUSILIARI « AVERE » ED « ESSERE »

I verbi « avere » ed « essere » hanno significati ed usi propri. « Avere » significa **possedere** in senso lato. « Essere » significa genericamente **esistere, stare, trovarsi,** ecc.

Esempi:

Ho un libro (possiedo un libro).
Sono a Perugia (sto, mi trovo a Perugia).

Sono usati inoltre come verbi « ausiliari » nella formazione dei tempi composti. In tal caso perdono il loro significato specifico.

Esempi:

Ho comprato un libro (tempo passato prossimo del verbo comprare).
Sono venuto a Perugia (passato prossimo del verbo venire).

La coniugazione dei verbi « avere » ed « essere » al presente indicativo.

AVERE		ESSERE	
io	ho	io	sono
tu	hai	tu	sei
egli	ha	egli	è
noi	abbiamo	noi	siamo
voi	avete	voi	siete
essi	hanno	essi	sono

---

(1) Sull'uso del presente indicativo v. qui « Uso del presente e dell'imperfetto indicativo ».
(2) L'uso dei pronomi personali soggetto è superfluo, dal momento che il soggetto (chi fa l'azione) è già determinato dalla desinenza del verbo.
(3) La desinenza « -iamo » per la prima persona plurale è comune a tutte e tre le coniugazioni.
(4) L'accento cade sulla terzultima sillaba. In tutte le altre forme sulla penultima.

9. PARTICOLARITA' DELLE CONIUGAZIONI AL PRESENTE INDICATIVO

La coniugazione di alcuni verbi si distacca dagli schemi delle tre coniugazioni regolari. Tali verbi si chiamano generalmente « irregolari », ma più che di « irregolarità » in questo caso si potrebbe parlare più propriamente di un modello diverso di coniugazione.

I. I verbi in -ISC- della III coniugazione in -IRE

La maggior parte dei verbi della terza coniugazione in -IRE seguono questo modello: fra il tema del verbo e la desinenza si inserisce l'infisso -ISC- nella prima, seconda, terza persona singolare e nella terza persona plurale. Il verbo « finire », per esempio, al presente non fa « fino » come « sento » (sentire), bensì « fin-ISC-o »; non « fini » come « senti », ma fin-ISC-i, fin-ISC-e, fin-ISC-ono.

La coniugazione in -ISC- paragonata a quella « regolare »

	Finire (-**isc**-)	Sentire (**regolare**)	Capire (-**isc**-)
io	fin**isc**o	sento	cap**isc**o
tu	fin**isc**i	senti	cap**isc**i
egli	fin**isc**e	sente	cap**isc**e
noi	finiamo	sentiamo	capiamo
voi	finite	sentite	capite
essi	fin**isc**ono	sentono	cap**isc**ono

Seguono questo modello anche i seguenti verbi, la cui frequenza d'uso è altissima (1): preferire, costruire, ferire, unire, stabilire, pulire, favorire, proibire, sostituire, colpire, guarire, restituire, fornire, seppellire, ubbidire, subire, riferire, sparire.

Nota

I verbi apparire, comparire, scomparire, oltre alla forma in -ISC- ne hanno una regolare. Le due forme si differenziano anche nel significato.

Esempi:

Scompare sempre quando c'è da fare (non si fa vedere...).
Scomparisce al confronto dei suoi amici (sfigura...).

II. I verbi della I coniugazione in -CARE e -GARE

I verbi in -CARE e -GARE prendono un'« h » davanti a « i »; « c » e « g » sono sempre gutturali (come in « ca », « ga »).

---

(1) I verbi citati in questo capitolo sono compresi fra le 1500 parole italiane più usate. Negli esercizi previsti per questo capitolo si è fatto uso di tutti i verbi irregolari al presente compresi entro le 3000 parole più usate.

	CERCARE	PAGARE
io	cerco	pago
tu	cercHi	pagHi
egli	cerca	paga
noi	cercHiamo	pagHiamo
voi	cercate	pagate
essi	cercano	pagano

Seguono questo modello i verbi: pregare, mancare, spiegare, toccare, dimenticare, giocare, indicare, legare, giudicare, recare, dedicare, provocare, comunicare, negare, obbligare, staccare, sbrigare.

III. I verbi della I coniugazione in -CIARE e -GIARE

I verbi in -CIARE e -GIARE perdono la « i » del tema davanti alla « i » della desinenza. Il suono della « c » e della « g » si conserva sempre dolce (palatale) (come in « ci », « gi »).

	COMINCIARE	MANGIARE
io	comincio	mangio
tu	cominci	mangi
egli	comincia	mangia
noi	cominciamo	mangiamo
voi	cominciate	mangiate
essi	cominciano	mangiano

Seguono questo modello i verbi: ricominciare, incominciare, baciare, lanciare, affacciarsi, bruciare, cacciare, annunciare, viaggiare, rinunciare, denunciare, pronunciare.

IV. I verbi della II coniugazione in -CERE e -GERE

I verbi in -CERE e -GERE non conservano uguale il suono dolce (palatale) delle consonanti « c » e « g » come nei casi precedenti. Davanti alla vocale « o » diventano gutturali (come « ca », « ga »).

	VINCERE	PIANGERE
io	vinco	piango
tu	vinci	piangi
egli	vince	piange
noi	vinciamo	piangiamo
voi	vincete	piangete
essi	vincono	piangono

Seguono questo modello i verbi: leggere, convincere, accorgersi, stringere, costringere, giungere, raggiungere, aggiungere, volgere, rivolgere, svolgere, distruggere, spingere, dirigere, dipingere, reggere.

Fanno eccezioni i verbi: piacere, dispiacere, tacere:

— piacere (piaccio, piaci, piace, piacciamo, piacete, piacciono);
— dispiacere (dispiace, dispiacciono: si usano le terze persone);
— tacere (taccio, taci, tace, taciamo, tacete, tacciono).

Sono simili ai verbi precedenti anche i seguenti verbi:

— conoscere (riconoscere), crescere, nascere;
— conoscere (conosco, conosci, conosce, conosciamo, conoscete, conoscono);
— crescere (cresco, cresci, cresce, cresciamo, crescete, crescono);
— nascere (nasco, nasci, nasce, nasciamo, nascete, nascono).

V. Alcuni verbi appartenenti a tutte e tre le coniugazioni seguono modelli propri difficilmente classificabili:

1) Nella prima coniugazione gli unici tre verbi con modello proprio sono: andare, dare, stare.

— andare (vado, vai, va, andiamo, andate, vanno);
— dare (do, dai, dà, diamo, date, danno);
— stare (sto, stai, sta, stiamo, state, stanno).

2) Il presente indicativo di alcuni verbi deriva da una forma **antica** dell'infinito:

— fare (secondo « facere ») - faccio (fò), fai, fa, facciamo, fate, fanno (lo stesso per i verbi composti con « fare »: soddisfare, strafare).
— dire (secondo « dicere ») - dico, dici, dice, diciamo, dite, dicono (lo stesso per i composti con « dire »: maledire, benedire, contraddire);
— bere (secondo « bevere ») - bevo, bevi, beve, beviamo, bevete, bevono;
— porre (secondo « ponere ») - pongo, poni, pone, poniamo, ponete, pongono (lo stesso per i composti con « porre »: opporre, proporre, comporre, imporre, supporre);
— tradurre (secondo « traducere ») - traduco, traduci, traduce, traduciamo, traducete, traducono (lo stesso per gli altri composti con « ducere »: condurre, ridurre, produrre, ecc.).

3) Seguono modelli propri anche i cosiddetti verbi « servili »: (1)

— potere (posso, puoi, può, possiamo, potete, possono);
— volere (voglio, vuoi, vuole, vogliamo, volete, vogliono);
— dovere (devo, devi, deve, dobbiamo, dovete, devono);
— sapere (so, sai, sa, sappiamo, sapete, sanno).

4) Alcuni verbi, pur presentando diverse caratteristiche individuali, hanno un elemento comune: una « g » gutturale fra il tema e la desinenza

---

(1) V. qui « Verbi servili » (pag. 32).

della prima persona singolare e della terza plurale. Tale « g » non è presente nell'infinito.

— venire (vengo, vieni (2), viene, veniamo, venite, vengono), (lo stesso per i composti: avvenire, divenire, convenire, intervenire);

— tenere (tengo, tieni, tiene (2), teniamo, tenete, tengono), (lo stesso per i composti: ottenere, ritenere, appartenere, mantenere, contenere, trattenere, sostenere);

— rimanere (rimango, rimani, rimane, rimaniamo, rimanete, rimangono);

— spegnere (spengo, spegni (o: spengi), spegne (o spenge), spegniamo (o: spengiamo), spegnete (o: spengete), spengono);

— salire (salgo, sali, sale, saliamo, salite, salgono);

— valere (valgo, vali, vale, valiamo, valete, valgono);

— togliere (tolgo, togli, toglie, togliamo, togliete, tolgono);

— scegliere (scelgo, scegli, sceglie, scegliamo, scegliete, scelgono);

— cogliere (colgo, cogli, coglie, cogliamo, cogliete, colgono);

— raccogliere (raccolgo, raccogli, raccoglie, raccogliamo, raccogliete, raccolgono);

— accoglie (accolgo, accogli, accoglie, accogliamo, accogliete, accolgono);

— sciogliere (sciolgo, sciogli, scioglie, sciogliamo, sciogliete, sciolgono).

5) Alcuni verbi subiscono modifiche anche nel tema:

— uscire (esco, esci, esce, usciamo uscite, escono), (lo stesso per il composto: riuscire);

— udire (odo, odi, ode, udiamo, udite, odono);

— sedere (siedo, siedi, siede, sediamo, sedete, siedono), (lo stesso per il composto: possedere);

— morire (muoio, muori, muore, moriamo, morite, muoiono).

---

10. FORMA INTERROGATIVA DEL VERBO

È la stessa forma positiva, dalla quale si distingue per l'intonazione interrogativa della voce e per il punto interrogativo nella scrittura:

Esempi:

    Puoi farmi un favore?   Lui saprebbe farlo da solo?

---

(2) V. il paragrafo n. 5 qui di seguito.

A volte si ottiene anche mediante lo scambio di posto fra il verbo ed il pronome personale soggetto:

Esempio:

    È Lei che voleva parlare con me?

Forma negativa del verbo

Si ottiene premettendo alla forma positiva l'avverbio di negazione « NON ».

Esempio:

    Puoi venire con me? **NON** posso.

Forma interrogativa negativa

Si ottiene premettendo alla forma interrogativa l'avverbio di negazione « NON ».

Esempi:

    NON sei contento?
    NON siete voi i proprietari di questa casa?

---

11. L'AGGETTIVO

L'aggettivo indica una qualità del nome cui si accompagna. Può precedere o seguire il nome.

L'aggettivo per eccellenza è quello **qualificativo.**

Esempi:

    Una persona **gentile.**
    Una **comoda** abitazione.
    Una **famosa** Università.

Genere e numero dell'aggettivo

Gli aggettivi sono variabili e nella declinazione (genere e numero) seguono quasi sempre le stesse regole del nome.

Secondo la declinazione si distinguono in tre gruppi:

I gruppo: l'aggettivo ha una desinenza per ogni genere e numero.

	SINGOLARE		PLURALE	
maschile	carO	-o	carI	-i
femminile	carA	-a	carE	-e

Seguono questo schema aggettivi come: alto, basso, bravo, vero, caro, lungo, vicino, vecchio, nuovo, piccolo, certo, povero, solo, questo, tutto, suo, altro, molto, poco, tanto, primo, stesso, ecc.

Nota.

1) **Gli aggettivi in -go e -ga** al plurale fanno sempre **-ghi** e **-ghe**:
   — lar**go** lar**ghi**
   — lar**ga** lar**ghe**

2) **Gli aggettivi in -ca** al plurale fanno sempre **-che**:
   — ric**ca** ric**che** — gre**ca** gre**che**
   — simpati**ca** simpati**che** — ami**ca** ami**che**

3) **Gli aggettivi in -co**:

   a) se portano l'accento sulla **penultima** sillaba fanno **-chi**:
   — anti**co** anti**chi** — pudi**co** pudi**chi**

Eccezioni:
   gre**co** gre**CI**
   ami**co** ami**CI**
   nemi**co** nemi**CI**

   b) se portano l'accento sulla **terzultima** sillaba fanno **-ci**:
   — prati**co** prati**ci** — fisi**co** fisi**ci**
   — chimi**co** chimi**ci** — magnifi**co** magnifi**ci**

4) Nel caso di aggettivi composti si declina soltanto il secondo aggettivo:
   — teorico-prati**co** — teorico-prati**ca**
   — teorico-prati**ci** — teorico-prati**che**

Osservazioni sulla declinazione di alcuni aggettivi

1) « bello » e « quello » seguono la declinazione dell'articolo determinativo (1):

   — **la** ragazza; bel**la** ragazza; quel**la** ragazza
   — **le** ragazze; bel**le** ragazze; quel**le** ragazze

   — **il** cane; be**l** cane; que**l** cane
   — **i** cani; be**i** cani; que**i** cani

---

(1) V. qui 3. *L'articolo*.

— lo	specchio;	bello	specchio;	quello	specchio;
— gli	specchi;	begli	specchi;	quegli	specchi;
— l'	uomo;	bell'	uomo;	quell'	uomo;
— gli	uomini;	begli	uomini;	quegli	uomini;
— l'	amica;	bell'	amica;	quell'	amica;
— le	amiche;	belle	amiche;	quelle	amiche;

2) « buono » segue la declinazione dell'articolo indeterminativo (1):

— **un** ragazzo; buon ragazzo; **una** ragazza; buona ragazza;
— **uno** studente; buono studente; **una** studentessa; buona studentessa;
— **uno** zio; buono zio; **una** zia; buona zia.

Al plurale:

« buoni » per il maschile: buoni ragazzi, buoni studenti;
« buone » per il femminile: buone ragazze, buone studentesse.

Nota bene

Se gli aggettivi « bello », « quello » e « buono » non precedono il nome rimangono inalterati:

— Io ho un bel cane. ma: Il mio cane è **bello**.
— Quel vestito mi piace. Il vestito che mi piace è **quello**.
— Ho bevuto del buon vino. Il vino che ho bevuto era **buono**.

Santo

a) Davanti a nomi che cominciano per vocale si apostrofa:
— Sant'Antonio; Sant'Elia; Sant'Agostino.

b) Davanti a nomi che cominciano per consonante si tronca:
— San Giusto; San Francesco; San Tommaso.

c) Se segue il nome rimane inalterato:
— È un luogo **santo**.

Il gruppo: l'aggettivo è uguale per tutti e due i generi e cambia la desinenza solo al plurale.

	SINGOLARE	PLURALE
maschile		
	breve -e	brevi -i
femminile		

Seguono questo schema aggettivi come: facile, difficile, forte, dolce, pesante, grave, tale, quale, cotale, ecc.

---

(1) V. qui 3. *L'articolo*.

Nota: l'aggettivo « grande »

« **Grande** » per il maschile e per il femminile **singolare**.

a) Davanti ai nomi comincianti per « s » impura o « z » **non cambia**:
— il grande studioso; la grande stanza; il grande Zweig; la grande zona.

b) Davanti ai nomi comincianti per vocale **si apostrofa**:
— un grand'uomo; una grand'idea.

c) Davanti ai nomi comincianti per consonante **si può troncare**
— un gran generale; una gran donna.

« **Grandi** » per il maschile e per il femminile **plurale**.

a) Davanti ai nomi comincianti per « s » impura e « z » **non cambia**:
— dei grandi studiosi; delle grandi stanze; delle grandi zone.

b) Davanti ai nomi comincianti per vocale **si può apostrofare**:
— dei grand'uomini (grandi uomini); delle grand'idee (grandi idee).

c) Davanti ai nomi comincianti per consonante **si può troncare**:
— dei gran generali (grandi generali); delle gran donne (grandi donne).

Se l'aggettivo « grande » segue il nome, rimane inalterato.

III gruppo: l'aggettivo resta invariabile per tutti e due i generi al singolare e al plurale. Es.: pari, impari, dispari, blu, rosa, ecc.

Esempi:

    ore pari
    numeri dispari
    un abito rosa
    una camicetta rosa
    un vestito blu
    dei vestiti blu.

Alcune osservazioni sull'aggettivo

I. Per indicare alcuni colori spesso si usano, accanto all'aggettivo, anche dei sostantivi. Aggettivo e sostantivo non cambiano.

Esempi:

una camicia verde-mare;	delle camicie verde-mare
un vestito rosso-fuoco;	dei vestiti rosso-fuoco.

II. Quando un unico aggettivo accompagna due o più nomi, uno dei quali è al maschile e l'altro (o gli altri) al femminile, l'accordo si fa **sempre** al maschile plurale.

Esempi:

Il bambino e la bambina sono allegr**i**.
La mamma ed il bambino sono malat**i**.
Tutt**i** sono stanch**i**: person**e** ed animal**i**.

III. A volte l'aggettivo si usa come avverbio, in tal caso determina più l'azione compiuta che il nome.

Esempi:

La donna cammina lenta (= lentamente).
Questa macchina corre veloce.

IV. **Collocazione dell'aggettivo.**

L'aggettivo può stare **prima o dopo** il nome:

1) Se l'aggettivo è più lungo del nome, si pone di solito dopo questo: un freddo **insopportabile;** una vista **incantevole;** una voce **persuasiva.**

2) Quando ci sono diversi aggettivi, alcuni si collocano prima del nome e altri dopo questo.

Esempi:

È un **bel** vaso **cinese.**
È una **celebre** storia **americana.**
Ha un **forte** accento **meridionale.**

3) l'aggettivo, di regola, **si pospone quando è limitativo:** opera (un sostantivo con molti significati); opera **lirica** (il significato del nome è limitato); idea (un sostantivo che si presta a moltissime qualifiche); l'idea **socialista** (l'aggettivo « socialista » limita il significato del nome); stato (parola polivalente); lo stato **italiano,** lo stato repubblicano, ecc.

L'aggettivo, di regola, si prepone quando ha un significato generico e non mette in rilievo una qualità limitativa.

Esempi:

una **splendida** giornata; le **grandiose** idee del Rinascimento; il **potente** stato, ecc.

4) Per alcuni aggettivi la collocazione prima o dopo il nome porta a mutamenti di significato. Fra questi: grande, buono, povero, ecc.

Esempi:

— È un uomo **grande**;   (un uomo di statura alta o un uomo adulto)
— È un **grand'**uomo;   (un uomo dalle doti intellettuali grandi)

— È un uomo **buono**;   (buono di cuore, generoso)
— È un **buon** uomo;   (un povero diavolo, un sempliciotto)

— È un uomo **povero**;   (senza denaro, senza mezzi per vivere)
— È un **pover'**uomo;   (un uomo cui la sorte ha riservato poche gioie, disgraziato, sfortunato).

V. A causa dell'uso esagerato che di essi viene fatto, alcuni aggettivi hanno perduto il loro valore e significato originari. Fra questi possiamo citare: bello, simpatico, antipatico, buono, cattivo, interessante, ecc.

Invece di dire sempre: « una donna **bella** », possiamo esprimere meglio il nostro pensiero con altri aggettivi meno svalutati: una donna **attraente, avvenente, graziosa, aggraziata, piacente**...

E lo stesso: « un libro **bello** », può essere anche **divertente, ameno, ben scritto**, ecc.

Una **bella** gita = una gita **piacevole, divertente**, ecc.
Il tempo **bello** = il cielo è **sereno**.
Ha delle **belle** maniere = maniere **gentili, cortesi**, ecc.
Un **buon** lavoratore = un lavoratore **abile, destro, valente, bravo**.
Una persona **simpatica** e **buona** = **dolce, cordiale, mite, umana**, ecc.

---

12. GRADI DI COMPARAZIONE

LA COMPARAZIONE REGOLARE

I. GRADO COMPARATIVO

1. **Comparazione fra due nomi o pronomi rispetto ad una qualità.**

(più... di; meno... di).

Grado comparativo

di: maggioranza   : Perugia è **più** fredda **di** Roma
    minoranza   : Roma è **meno** fredda **di** Perugia
    uguaglianza : Perugia è **tanto** fredda **quanto** Assisi
                 : Perugia è **così** fredda **come** Assisi
                 : Perugia è fredda **quanto (come)** Assisi

2. **Comparazione fra due qualità, due azioni (o stati) riferiti ad un nome o pronome** (più.... che; meno.... che).

Grado comparativo - qualità:

di: maggioranza : Roma è **più** umida **che** fredda
    minoranza   : Perugia è **meno** umida **che** fredda
    uguaglianza : Firenze è **tanto** umida **quanto** fredda
                   : Firenze è **così** umida **come** fredda
                   : Firenze è umida **quanto** fredda

Grado comparativo - azioni o stati:

di: maggioranza : È **più** facile capire **che** parlare una lingua straniera
    minoranza   : È **meno** facile scrivere **che** parlare una lingua straniera.
    uguaglianza : È facile parlare **quanto** scrivere una lingua che si
                   (tanto facile)   conosce bene.

II. GRADO SUPERLATIVO

a) **Relativo** (il più... di (fra); il meno... di (fra)).

di: maggioranza : Firenze è **la più** fredda **di** (**fra**) queste città
    minoranza   : Roma è **la meno** fredda **di** (**fra**) queste città

N.B.

1. Al grado superlativo l'articolo può accompagnare il correlativo (più; meno) o il sostantivo:

Esempi:

    È il più bel film che abbia visto
o: E' il film più bello che abbia visto

2. L'articolo in tal caso non si ripete (come in francese). **Non si può** dire, dunque: « E' il film **il** più bello che abbia visto ».

b) **Assoluto**

1. Firenze è una città fredd**issima** (-issimo)
2. » » » » molto (assai) fredda (molto, assai)
3. » » » » fredda fredda (ripetizione)

Nota bene:

Alcuni superlativi si formano con i prefissi: « stra », « arci », « ultra »: strapotente, arcimilionario, ultrarapido.

COMPARAZIONE PARTICOLARE

Alcuni aggettivi presentano altre forme, oltre alla norma.

1) Forme del comparativo e del superlativo provenienti direttamente **dal latino:**

cattivo - più cattivo - **peggiore** - il più cattivo - il peggiore - cattivissimo - **pessimo**
buono - più buono - **migliore** - il più buono - il migliore - buonissimo - **ottimo**
grande - più grande - **maggiore** - il più grande - il maggiore - grandissimo - **massimo**
piccolo - più piccolo - **minore** - il più piccolo - il minore - piccolissimo - **minimo**
alto - più alto - **superiore** - il più alto - il superiore - altissimo - **supremo - sommo**
basso - più basso - **inferiore** - il più basso - l'inferiore - bassissimo - **infimo**
acre   acerrimo
celebre   celeberrimo
misero   miserrimo

2) **Forme idiomatiche** del superlativo assoluto

stanco — stanco morto (= stanchissimo, assai stanco, molto stanco)
ubriaco — ubriaco fradicio
ricco — ricco sfondato (= ricchissimo, assai ricco, molto ricco, straricco)
innamorato — innamorato cotto (= innamoratissimo, molto innamorato)
brutto — brutto da morire (=bruttissimo, molto brutto)
eccetera

---

13. VERBI TRANSITIVI ED INTRANSITIVI

COMPLEMENTO DIRETTO (OGGETTO) E INDIRETTO

I verbi che esprimono un'azione i cui effetti ricadono **direttamente** su una persona o un oggetto sono chiamati **transitivi**. La persona o l'oggetto su cui ricade l'azione hanno la funzione sintattica di **complemento diretto (oggetto)**. Esso corrisponde al caso accusativo nelle lingue sintetiche.

Esempi:
    Io guardo lo spettacolo.
    Io guardo i bambini.

L'azione del verbo guardare « cade » direttamente su « lo spettacolo » e « i bambini »: fra me che guardo (soggetto) e « i bambini » c'è un rapporto diretto:

| io | ─── guardo ───→ | i bambini |

soggetto   **predicato**   complemento **diretto (oggetto)**

Dunque, « i bambini » e « lo spettacolo » sono complemento diretto (oggetto). In questo caso non si usa **nessuna preposizione**.

Il complemento oggetto risponde alla domanda: « Chi? », « Che cosa? »

Sono **transitivi** i verbi come: sentire, vedere, comprare, chiamare, ecc., perché si può

sentire una persona, una cosa o un animale
vedere una persona, una cosa o un animale
comprare una cosa o un animale
chiamare una persona o un animale.

I verbi che esprimono un'azione i cui effetti **non** ricadano **direttamente** su una persona o una cosa sono chiamati **intransitivi**.

La persona o l'oggetto completano in maniera indiretta l'azione e sono perciò **complementi indiretti**. Essi corrispondono ai casi indiretti (obliqui) nelle lingue sintetiche. Questi complementi sono introdotti da varie preposizioni (1). Il complemento indiretto risponde ad una domanda formata con una preposizione più « chi? » o « che cosa? » (« **a** chi? », « **di** chi? », « **con** che cosa? », « **per** che cosa? », ecc.).

Esempi:

Io vado a Roma; torno da Roma; parto per Roma, ecc.

Sono **intransitivi** i verbi come: stare, arrivare, riuscire, entrare, rimanere, uscire, nascere, cadere, ecc.

---

14. IL PARTICIPIO PASSATO (2)

I. GUARDARE   II. CREDERE   III. SENTIRE
   guard**ATO**   cred**UTO**   sent**ITO**

Il participio passato viene usato soprattutto nella formazione dei tempi composti (3) con i verbi « avere » ed « essere », detti perciò verbi « ausiliari ».

---

(1) V. qui 27. *Uso delle preposizioni.*
(2) Per le forme irregolari del participio passato, v. *Coniugazione irregolare*, p. 58.
(3) Per gli altri usi V. 38. *Forme implicite.*

15. IL PASSATO PROSSIMO (1). FORMAZIONE DEI TEMPI COMPOSTI. USO DEGLI AUSILIARI.

I. GUARDARE

io ho
tu hai
egli ha } guardato
noi abbiamo
vòi avete
essi hanno

II. CREDERE

ho
hai
ha } creduto
abbiamo
avete
hanno

III. SENTIRE

ho
hai
ha } sentito
abbiamo
avete
hanno

ANDARE

io sono
tu sei } andato, a
egli è

noi siamo
voi siete } andati, e
essi sono

CADERE

sono
sei } caduto, a
è

siamo
siete } caduti, e
sono

PARTIRE

sono
sei } partito, a
è

siamo
siete } partiti, e
sono

ESSERE

io sono
tu sei } stato, a
egli è

noi siamo
voi siete } stati, e
essi sono

AVERE

ho
hai
ha } avuto
abbiamo
avete
hanno

Il verbo ausiliario **avere** si usa:

a) con i verbi **transitivi** (ho chiamato, avrò letto, avevo scritto, ebbe fatto, avrebbe detto, ecc.)

b) **con alcuni verbi intransitivi** (dormire, ridere, sorridere, bussare, ecc.).

— Il cane ha dormito tutta la notte.
— Il bambino ha riso molto.
— L'attrice ha sorriso al pubblico.
— Hanno bussato alla porta.

---

(1) Per l'uso del passato prossimo, v. qui i capitoli 25 e 26.

c) **con alcuni verbi intransitivi** di moto (viaggiare, camminare, passeggiare, ecc.) che non indicano la meta o il punto di partenza del movimento, ma solo il movimento stesso.

— Avete viaggiato bene?
— Hanno camminato tutto il giorno.
— Ho passeggiato lungo la riva del lago.

Il verbo ausiliario **essere** si usa:

a) con i verbi **intransitivi**, soprattutto con quelli di moto (sono andato, sarà arrivato, era scappato, fu tornato, ecc.), che indicano la meta o il punto di partenza del movimento.

b) con i verbi riflessivi veri e propri o apparenti (1) o con la forma passiva (2).

— Mario **si è** lavato (Mario **ha** lavato la macchina)
— Giovanni **si è** alzato (Giovanni **ha** alzato un braccio)
— Il gatto **si è** arrampicato. (riflessivo apparente)
— Pietro **si è** preparato bene. (Pietro **ha** preparato tutto per il viaggio).
— La campagna **è stata** abbandonata dai contadini. (forma passiva)
— I contadini **hanno** abbandonato la campagna. (forma attiva)

Nei tempi composti, alcuni verbi prendono sia l'ausiliario **essere** che l'ausiliario **avere**.

I. Se questi verbi vengono usati transitivamente prendono l'ausiliario **avere**; se, invece, gli stessi verbi vengono usati intransitivamente, prendono l'ausiliario **essere**:

Esempi:

scendere

Ho sceso le scale di corsa.　　　**Sono sceso** in cantina.

passare

Abbiamo passato momenti difficili.　　**Siamo passati** per Napoli.

salire

Ho salito a fatica le scale.　　**Sono salito** per le scale.

saltare

Oggi **hanno saltato** il pranzo.　　**Sono saltati** dalla finestra.

sbarcare

Ha sbarcato sempre a stento　　**È sbarcato** a Genova.
il lunario.

---

(1) V. qui « La forma riflessiva del verbo ».
(2) V. qui « La forma passiva ».

sfuggire

Ha sfuggito un grosso pericolo.	È un miracolo che tu **sia sfuggito a** quell'incidente.

guarire

Quel medico **ha guarito** molte persone affette da questo male.	Mio zio **è guarito** con la cura di quel medico.

bruciare

Ho bruciato tutte le sue lettere.	Nell'incendio **sono bruciati** tutti i suoi libri.

II. Alcuni verbi intransitivi di moto prendono tutti e due gli ausiliari. Coniugati nei tempi composti con **avere** esprimono l'azione in sé. Coniugati con **essere** esprimono un'azione con un preciso punto di partenza e di arrivo.

Esempi:

volare

Il pilota è così esperto perché **ha volato molto** (= ha passato molte ore in volo).	Appena appresa la notizia, **è volato** subito da lei.

saltare

Quando mi ha rivisto, il cane **ha saltato** per un'ora dalla gioia.	Quando mi ha rivisto il cane **è saltato** dalla finestra per venirmi incontro.

emigrare

Hanno emigrato in molti quest'anno.	Molti **sono emigrati** in Svizzera.

correre

Il cane è stanco perché **ha corso** (1) in libertà.	Appena l'ho chiamato **è corso** (1) subito da me.

III. Per alcuni verbi che esprimono fenomeni atmosferici la scelta dell'ausiliario (avere o essere) non povoca un cambiamento di significato sostanziale. Si coniugano con **avere** per dare risalto all'azione in sé, alla sua durata.

Esempi:

Ha piovuto tutta la notte.
Ha nevicato per ben cinque ore.

---

(1) *Correre* può avere anche significato transitivo e in tal caso si coniuga, naturalmente, con *avere*. (Ho corso un grosso rischio; Abbiamo corso il pericolo di perderci).

Si coniugano con **essere** quando si vuole constatare l'azione avvenuta:

Esempi:

Quando mi sono alzato ho visto che durante la notte **era nevicato**. Stamattina è **piovuto**.

Nota bene

Questa sottile differenza di significato viene spesso trascurata nella lingua parlata, in cui si tende a confondere l'uso dei due ausiliari.

Esempi:

Stamattina è (ha) piovuto.

IV. Un'altra categoria di verbi, infine, si coniuga con tutti e due gli ausiliari.

Esempi:

vivere

Ha vissuto (1) a Roma per venti anni.   **È vissuto** a Roma per venti anni.

durare

Ho durato fatica a convincerlo.   Questo storia **è durata** troppo.

Uso degli ausiliari con i verbi « servili »

« Potere », « volere », « dovere », « sapere », si chiamano ' servili ' perché vengono generalmente usati insieme ad un altro verbo all'infinito, di cui, nei tempi composti, prendono anche l'ausiliario.

I verbi **potere, volere, dovere** e **sapere** (nel senso di potere), usati nella loro funzione di **verbi servili,** possono prendere tanto l'ausiliario **avere,** quanto **essere**. Se sono seguiti dall'infinito di un verbo transitivo prendono l'ausiliario di questo verbo, cioè **avere**:

lavorare si coniuga con « avere ». Quindi anche il verbo servile, che l'accompagna, prende l'ausiliario « avere ».

Esempi:

— **Ho potuto** lavorare
— **Ho voluto** lavorare   (perché si dice: **ho** lavorato)
— **Ho dovuto** lavorare

---

(1) *Vivere* ha anche valore transitivo. (Ha vissuto un'esperienza tragica).

uscire si coniuga con « essere ». Quindi anche il verbo servile, che l'accompagna, prende l'ausiliario « essere ».

— **Sono potuto** uscire
— **Sono voluto** uscire   (perché si dice: **sono** uscito)
— **Sono dovuto** uscire

Però: **Ho dovuto** camminare (perché si dice: **ho** camminato)

Per i verbi servili che accompagnano un verbo riflessivo, infine, ci sono due possibilità:

a) se i pronomi riflessivi (mi, ti, si, ci, vi, si) accompagnano l'infinito, il verbo servile prende l'ausiliario « **avere** »:

— Non **ho potuto** rassegnar**mi**
— Non **ho voluto** rassegnar**mi**
— Non **ho saputo** rassegnar**mi**

b) se il pronome riflessivo accompagna il verbo servile, questo si coniuga come un verbo riflessivo, cioè sempre con « **essere** »:

— Non **mi sono** potuto rassegnare
— Non **mi sono** voluto rassegnare
— **Mi sono** dovuto rassegnare

I verbi « servili » sono usati anche da soli. In questo caso prendono sempre l'ausiliario **avere**:

Esempi:

Mi sarebbe piaciuto venire con voi, ma non **ho potuto**.
L'ho invitato a venire con noi, ma non **ha voluto**.
L'ha fatto, ma non **avrebbe dovuto**.

---

16. ACCORDO DEL PARTICIPIO PASSATO CON IL SOGGETTO E L'OGGETTO

Il soggetto ed il participio passato

A. NON C'E ACCORDO:

1. Con « avere »:

— Carla ha studiat**o**.
— Paolo ha studiat**o**.
— Carla e Paolo hanno studiat**o**.

B. L'ACCORDO E' OBBLIGATORIO:

1. Con « essere »:

verbi non riflessivi

— Carla è partit**a**.
— Paolo è partit**o**.
— Carla e Paolo sono partit**i**.

verbi riflessivi

— Carla si è pettinat**a**.
— Paolo si è pettinat**o**.
— Carla e Paolo si sono pettinat**i**.

2. Con LA FORMA PASSIVA:

— Lo spettacolo è stato applaudito.
— La casa è stata venduta.
— Le domande sono state accolte.
— I giornali sono stati distribuiti.

3. Con il PARTICIPIO PASSATO ASSOLUTO:

— Partita Carla, sono rimasto solo.
— Partito Paolo, sono rimasto solo.
— Partiti Paolo e Carla, sono rimasto solo.

4. Con « NE » + PARTICIPIO PASSATO DEI VERBI RIFLESSIVI:

— Dovevo comprare il vino, ma me ne sono dimenticato, a.
— Dovevo comprare la frutta, ma me ne sono dimenticato, a.
— Dovevo comprare i giornali, ma me ne sono dimenticato, a.
— Dovevo comprare le sigarette, ma me ne sono dimenticato, a.
— Io me ne sono assunto, a la responsabilità.
— Io me ne sono assunto, a le spese.

L'OGGETTO ED IL PARTICIPIO PASSATO

A) CON IL NOME COMPLEMENTO OGGETTO NON SI ACCORDA:

Verbi non riflessivi

Carla
 ha comprato il vino
 ha comprato la frutta
 ha comprato i giornali
 ha comprato le sigarette

Verbi riflessivi

Carla
 si è comprata il vino
 si è comprata la frutta
 si è comprata i giornali
 si è comprata le sigarette

B) CON I PRONOMI RELATIVI COMPLEMENTO OGGETTO

Coi verbi non riflessivi l'ACCORDO È FACOLTATIVO:

Il vino che Carla ha comprato
La frutta che Carla ha comprato(a)
I giornali che Carla ha comprato(i)
Le sigarette che Carla ha comprato(e)

Coi verbi riflessivi NON SI ACCORDA:

Il vino che Carla si è comprata
La frutta che Carla si è comprata
I giornali che Carla si è comprata
Le sigarette che Carla si è comprata

C) CON I PRONOMI COMPL. OGGETTO (lo, la, li, le) L'ACCORDO È OBBLIGATORIO:

Verbi non riflessivi

Carla ha comprato
- il vino: l(o)'ha compr**ato**
- la frutta: l(a)'ha compr**ata**
- i giornali: **li** ha comprat**i**
- le sigarette: **le** ha comprat**e**

Verbi riflessivi

Il vino Carla se **lo** è comprat**o**
La frutta Carla se **la** è comprat**a**
I giornali Carla se **li** è comprat**i**
Le sigarette Carla se **le** è comprat**e**

D) CON I PRONOMI PERSONALI COMPL. OGGETTO (mi, ti, ci, vi) L'ACCORDO È FACOLTATIVO.

Carla dice: « Mario mi hai visto(a), ma non mi hai salutato(a) »
Mario risponde: « Non ti ho salutato(a), perché non ti ho visto(a) »
Ci avete salutato(i,e)
Vi abbiamo salutato(i,e)

E) L'ACCORDO DEL PARTICIPIO PASSATO CON IL COMPLEMENTO OGGETTO

Verbi non riflessivi

1. CON « NE » PARTITIVO COMPL. OGGETTO L'ACCORDO DEL PARTICIPIO PASSATO CON IL COMPLEMENTO È OBBLIGATORIO:

Hai comprato
- del vino?   Si, ne ho comprat**o**
- della past**a**?   Si, ne ho comprat**a**
- dei giornal**i**?   Si, ne ho comprat**i**
- delle sigarette? Si, ne ho comprat**e**

2. CON « NE » PARTITIVO RIFERITO AL COMPL. OGGETTO L'ACCORDO DEL PARTICIPIO PASSATO SI FA O CON IL COMPL. OGGETTO O CON IL COMPL. DI QUANTITA':

a) **la quantità è al singolare** (un etto, un chilo, ecc.)

Hai comprato
- il riso?   Si, ne ho comprato   un chilo
- la pasta?   Si, ne ho comprata(o)   un chilo
- i pomodori?   Si, ne ho comprati(o)   un chilo
- le mele?   Si, ne ho comprate(o)   un chilo

b) **la quantità è al plurale** (due, tre, etti, chili, ecc.)

Hai comprato
- il riso?   Si, ne ho comprato(i)   due chili
- la pasta?   Si, ne ho comprata(i)   due chili
- i pomodori?   Si, ne ho comprati   due chili
- le mele?   Si, ne ho comprate(i)   due chili

c) **la quantità espressa da un pronome indefinito** (tanto, molto, poco, ecc.)

Hai comprato
- il riso?   Si, ne ho comprato tanto
- la pasta?   Si, ne ho comprata tanta
- i pomodori?   Si, ne ho comprati tanti
- le mele?   Si, ne ho comprate tante

Verbi riflessivi

1. CON « NE » PARTITIVO COMPL. OGGETTO L'ACCORDO DEL PARTICIPIO PASSATO CON IL COMPLEMENTO OGGETTO È OBBLIGATORIO:

Ti sei comprato
- del vino?   Si, me ne sono comprato
- della pasta?   Si, me ne sono comprata
- dei pomodori?   Si, me ne sono comprati
- delle mele?   Si, me ne sono comprate

2) Con « **ne** » partitivo riferito al complemento oggetto l'accordo del participio passato si fa o con il complemento oggetto o con il complemento di quantità:

a) **la quantità è al singolare** (un etto, un chilo, ecc.):

Ti sei comprato
- il riso?   Si, me ne sono comprato   un chilo
- la pasta?   Si, me ne sono comprata (o)   un chilo
- i pomodori?   Si, me ne sono comprati (o)   un chilo
- le mele?   Si, me ne sono comprate (o)   un chilo

b) **la quantità è al plurale** (due, tre, etti, chili, ecc.):

Ti sei comprato
- il riso?   Si, me ne sono comprato (i)   due chili
- la pasta?   Si, me ne sono comprata (i)   due chili
- i pomodori?   Si, me ne sono comprati   due chili
- le mele?   Si, me ne sono comprate (i)   due chili

c) **la quantità espressa da un pronome indefinito** (tanto, poco, molto, ecc.):

Ti sei comprato	il riso?	Sì, me ne sono comprat**o** tant**o**
	la past**a**?	Sì, me ne sono comprat**a** tant**a**
	i pomodor**i**?	Sì, me ne sono comprat**i** tant**i**
	le mel**e**?	Sì, me ne sono comprat**e** tant**e**

F. CON « NE » COMPLEMENTO DI SPECIFICAZIONE IL PARTICIPIO PASSATO NON SI ACCORDA CON IL COMPLEMENTO OGGETTO.

Verbi non riflessivi

— Maria è stata lontana due giorni e ne ho sentit**o** la mancanza.
— Rossi è partito per gli USA e ne ho pres**o** il posto.
— Ha rotto il lampadario e non ne ha raccolt**o** i pezzi.
— Il suo discorso è stato vago, ma ne ho intuit**o** le intenzioni.

Verbi riflessivi

Dovevo comprare	il vino, la frutta, i giornali, le sigarette,	ma me ne sono dimenticato.

G. CON IL PARTICIPIO PASSATO ASSOLUTO DI UN VERBO TRANSITIVO L'ACCORDO CON IL COMPLEMENTO OGGETTO È OBBLIGATORIO:

— Lett**o**, l'annuncio, ho fatto la domanda.
— Scritt**a** la lettera, sono uscito per imbucarla.
— Salutat**i** amici e amiche, se ne è andato.

H. CON IL PARTICIPIO PASSATO USATO COME AGGETTIVO L'ACCORDO È OBBLIGATORIO:

— Ho le gambe rott**e** dalla stanchezza.
— Ha le idee confus**e** questo ragazzo.
— Sono soldi sudat**i** questi!

---

17. FUTURO SEMPLICE E ANTERIORE

Il futuro ha due tempi: **semplice** e **composto (anteriore)**.

Futuro semplice

	I. GUARDARE	II CREDERE	III. SENTIRE
io	guarderò	crederò	sentirò
tu	guarderai	crederai	sentirai
egli	guarderà	crederà	sentirà
noi	guarderemo	crederemo	sentiremo
voi	guarderete	crederete	sentirete
essi	guarderanno	crederanno	sentiranno

Futuro anteriore

	GUARDARE		CREDERE		SENTIRE	
io	avrò		avrò		avrò	
tu	avrai		avrai		avrai	
egli	avrà	guardato	avrà	creduto	avrà	sentito
noi	avremo		avremo		avremo	
voi	avrete		avrete		avrete	
essi	avranno		avranno		avranno	

	ANDARE		CADERE		PARTIRE	
io	sarò		sarò		sarò	
tu	sarai	andato,a	sarai	caduto,a	sarai	partito,a
egli	sarà		sarà		sarà	
noi	saremo		saremo		saremo	
voi	sarete	andati,e	sarete	caduti,e	sarete	partiti,e
essi	saranno		saranno		saranno	

Il futuro irregolare

Il futuro presenta le stesse irregolarità del condizionale (1):

1) « essere » ha una coniugazione sua particolare (sarò, sarai, sarà, saremo, sarete, saranno)

2) alcuni verbi perdono una vocale ed assumono una forma sincopata:

				FUTURO	CONDIZIONALE
avere	non fa	averò	ma:	avrò	avrei
potere	» »	poterò	»	potrò	potrei
dovere	» »	doverò	»	dovrò	dovrei
sapere	» »	saperò	»	saprò	saprei
vedere	» »	vederò	»	vedrò	vedrei
andare	» »	anderò	»	andrò	andrei

3) La caduta della vocale provoca l'assimilazione.

volere	fa	vorrò	vorrei
rimanere	»	rimarrò	rimarrei
venire	»	verrò	verrei
bere (bevere)	»	berrò	berrei

4) I verbi in -care e -gare prendono « h » davanti alla vocale « e ».

cer**care**	fa	cercH erò	cercH erei
dimenti**care**	»	dimenticH erò	dimenticH erei
pa**gare**	»	pagH erò	pagH erei
spie**gare**	»	spiegH erò	spiegH erei

---

(1) V. qui 35. *Il Condizionale*.

Il futuro reale ed irreale

L'azione futura è un'azione posteriore rispetto all'azione principale, la segue, avviene dopo.

Esempi:

So (ora) che mio fratello **arriverà** domani.
Una tale azione può seguire un predicato principale al presente (so), o un predicato principale al passato (sapevo).

Esempi:

So che mio fratello **arriverà**.
Sapevo che mio fratello **sarebbe arrivato**.

Nel primo caso (arriverà) si tratta di un'azione realmente futura (non ancora avvenuta), cioè è un futuro **reale**.

Nel secondo caso (sarebbe arrivato), invece, l'azione posteriore alla principale è già avvenuta, è un'azione passata, è un futuro **irreale**, è un **futuro solo rispetto al passato**.

Per molte lingue questa considerazione è soltanto teorica, in quanto sul piano pratico i tempi usati sono sempre gli stessi:

Futuro reale : So che **arriverà**.
Futuro irreale : Sapevo che **arriverà**.

In italiano questo è IMPOSSIBILE!

Per il **futuro reale** si usa quindi il tempo futuro (semplice ed anteriore).

Per il **futuro irreale** si usa il CONDIZIONALE COMPOSTO.

Il futuro reale

Il futuro ha due forme: **futuro semplice e futuro anteriore**.

Il futuro semplice

1) Esprime un'azione che avverrà dopo il momento presente:

Esempi:

Domani **prenderò** un'importante decisione.
Fra un anno **finirò** gli studi a Perugia e **ritornerò** a casa.

graficamente:

domani andrò a Orvieto.
(futuro)

ora so che
(presente)

2) L'idea di un futuro molto prossimo è resa anche da un **congiuntivo** presente:

Esempi:

Spero che **ritorni** presto (= ritornerà).
Voglio credere che si **corregga** (= si correggerà).

3) Spesso, nella lingua parlata, al posto del tempo futuro semplice si usa l'**indicativo presente:**

Esempi:

Domani **andiamo** a Roma (= andremo).
Dalla prossima settimana **ci mettiamo** a lavorare sul serio (= ci metteremo).

4) Spesso il futuro semplice esprime un'**azione o uno stato presenti** su cui abbiamo delle riserve, dei dubbi:

Esempi:

Sarà un'eccellente persona, ma anche lei ha tante debolezze (= forse è).
Che ore sono? **Saranno** le undici (= forse sono).

5) Spesso il futuro semplice viene usato come **imperativo**:

Esempi:

Per domani **preparerete** un elenco delle cose mancanti (= preparate!).
Voi qui **farete** solo quello che vi si dice (= fate!).

Il futuro anteriore

1) Il **futuro anteriore**, come dice la sua denominazione, esprime un'azione, anteriore ad un'altra futura, dalla quale dipende. **Si usa quindi** nella **proposizione dipendente temporale**:

Esempi:

Vedrò il film e ti **dirò** il mio giudizio.
(Le due proposizioni sono indipendenti).

Dopo che **avrò visto** il film, ti **dirò** il mio giudizio.
(La proposizione dipendente temporale esprime un'azione anteriore alla principale e si mette al **futuro anteriore**).

Per quanto riguarda la possibilità di ricorrere anche ad altri mezzi sintattici per esprimere le stesse relazioni di dipendenza e di tempo, si veda il capitolo « Modi e tempi d'azione anteriore al passato e al futuro » della **Sintassi**.

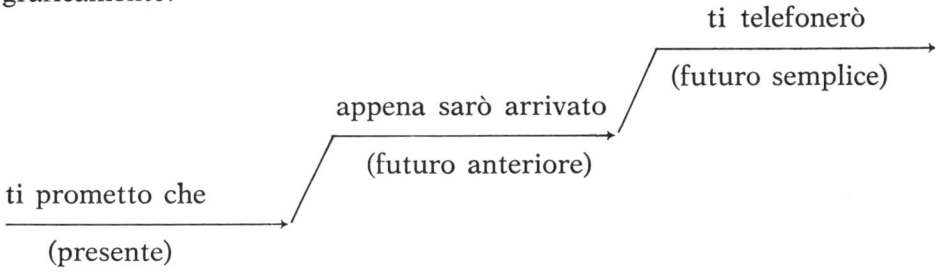

graficamente:

```
                                              ti telefonerò
                                             ──────────────→
                                            /  (futuro semplice)
                          appena sarò arrivato
                         ─────────────────────→
                        /  (futuro anteriore)
ti prometto che
───────────────→
  (presente)
```

2) Nell'uso comune si tende spesso a sostituire il **futuro anteriore** con il futuro semplice:

Esempio:

Ti prometto che appena **arriverò, ti telefonerò.**

3) Il futuro anteriore esprime un'azione o stato passati sui cui abbiamo delle riserve, dei dubbi (v. paragrafo precedente n. 4):

Esempi:

Che dici, **saranno arrivati?**
Avrò anche **sbagliato,** ma ormai è fatta (= può darsi che io abbia sbagliato).

4) Sempre alla lingua della conversazione, spesso si sostituisce al futuro anteriore il **passato prossimo** con le stesse sue funzioni:

Esempio:

Potrai prendere la macchina solo quando **ho finito** di scrivere io (= avrò finito).
Quando **sei arrivato, telefonami.**

5) L'uso indipendente, assoluto, del futuro anteriore è molto raro e quasi sempre presuppone nel contesto un'azione futura:

Esempio:

Ah, ma quando **sarà finito** questo tormento! (= finirà).

Considerazioni sul futuro reale e futuro irreale

1) Quando l'azione è **posteriore** ad un predicato al passato ed è essa stessa PASSATA, si usa il CONDIZIONALE COMPOSTO (o più raramente l'indicativo imperfetto):

Esempio:

Ha detto che **sarebbe venuto** (= veniva).
(L'azione non deve ancora avvenire nel futuro, è già avvenuta).

2) Quando l'azione è **posteriore** ad un predicato al passato, ma non è ancora avvenuta, appartiene ancora al futuro reale, si usa il **futuro** (semplice o anteriore) o il **presente indicativo**:

Esempi:

Che cosa ha risposto?   Ha detto che **verrà** (viene)
    Ha detto che quando **avrà finito, verrà.**

3) Un'azione realmente futura (cioè che deve ancora avvenire) nel discorso indiretto, introdotto da un predicato al passato, diventa irreale.

Esempio:

Disse: « **Partirò**, quando **avrò visto** tutto ».
Disse che **sarebbe partito**, quando **avrebbe visto** tutto.

---

18. FORMA RIFLESSIVA DEL VERBO

La forma riflessiva dei verbi comprende i verbi riflessivi veri e propri e i verbi riflessivi apparenti. Sia gli uni che gli altri sono accompagnati da un pronome riflessivo (mi, ti, si, ci, vi, si).

I verbi riflessivi veri e propri sono verbi transitivi (1). Esprimono un'azione che parte dal soggetto e che, invece di passare sull'oggetto, ritorna sul soggetto.

Esempio:

Giovanni lava il cane.
(L'azione del verbo transitivo **lavare** parte dal soggetto, Giovanni, e ricade sull'**oggetto**, il cane).

Esempio:

Giovanni si lava (= lava se stesso).
(L'azione del verbo transitivo **lavare** parte dal soggetto, Giovanni, e ritorna sullo stesso **soggetto**).

Possono dunque essere riflessivi i verbi transitivi preceduti dai pronomi riflessivi mi, ti, si, ci, vi, si.

Esempio:

Non **ti** sei pettinata bene stamattina.

---

(1) V. qui 13. « Verbi transitivi e intransitivi ». (Complemento oggetto e indiretto).

Tali pronomi precedono normalmente il verbo. Sono posposti (forme enclitiche) con le forme dell'infinito, del gerundio, del participio e dell'imperativo diretto (1) (tu, noi, voi).

Esempi:

voltarsi,
voltatosi,
voltandosi, essendosi voltato,
voltati! voltatevi! voltiamoci! Non voltarti! (o: non ti voltare!).

Alcuni verbi sono chiamati anche « reciproci », perché esprimono un'azione che avviene fra due persone od oggetti.

Esempio:

Pietro e Giovanni non si salutano più. (Pietro non saluta Giovanni e Giovanni non saluta Pietro).

Alcuni verbi sono riflessivi solo nella forma e non nella sostanza.
Sono detti perciò « riflessivi apparenti ». Si tratta, cioè, di verbi intransitivi che non reggono un complemento oggetto.

Esempi:

Arrampicarsi: Il gatto si è arrampicato sull'albero.
Accorgersi: Mi accorgo solo ora di aver dimenticato le chiavi.
Lamentarsi: Paolo si lamenta sempre.
Pentirsi: Non ti penti di quello che hai detto?
Andarsene: Me ne vado.

Alcuni verbi intransitivi sono usati nella forma riflessiva per dare un carattere enfatico al discorso:

Esempi:

Questo gelato voglio gustarmelo in pace.
Se ne sta seduto all'ombra.
Mi comprerò un disco nuovo.
Mi sono comprato una cravatta nuova.

Alcuni verbi possono essere usati tanto nella forma semplice quanto in quella riflessiva, senza differenza di significato:

Esempi:

Mi riposo (Riposo).
Ti ricordi il nome di quel paesino? (Ricordi il nome...).
Non dimenticare di prendere le chiavi (Non dimenticarti di prendere le chiavi).

Nota bene

Tutti i verbi riflessivi si coniugano nei tempi composti con il verbo ausiliario **essere**:

---

(1) V. qui 45. « L'imperativo ».

Esempi:

> Paolo ha preparato l'esame.
> Paolo **si è** preparato per l'esame (**non**: si **ha** preparato!)
> Maria ha salutato Paola; Paola ha salutato Maria.
> Maria e Paola **si sono** salutate.
> Ho comprato una nuova casa.
> **Mi sono** comprato una nuova casa.
> Finalmente si è potuto comprare la macchina che desiderava tanto.
> Mi sono dovuto rassegnare.

---

19. AGGETTIVI E PRONOMI DIMOSTRATIVI

I dimostrativi sono:

SINGOLARE		PLURALE		
1. quest**o** quest**a**		quest**i**	quest**e**	(aggettivi e pronomi)
2. quell**o** quell**a**		———	quell**e**	(aggettivi e pronomi)
que**l**		que**i** quegli		(soltanto aggettivi)
		quell**i**		(soltanto pronome)

Note:

L'aggettivo « quello » si declina come l'articolo determinativo e l'aggettivo « bello »:

Esempi:

il	ragazzo	bel	ragazzo	quel	ragazzo
i	ragazzi	bei	ragazzi	quei	ragazzi
la	ragazza	bella	ragazza	quella	ragazza
le	ragazze	belle	ragazze	quelle	ragazze
lo	specchio	bello	specchio	quello	specchio
gli	specchi	begli	specchi	quegli	specchi
l'	albero	bell'	albero	quell'	albero
gli	alberi	begli	alberi	quegli	alberi

Preferisce **quei** fiori o questi?   (aggettivo)
Preferisco **quelli**.   (pronome)

Uso dei dimostrativi

Con il dimostrativo « questo » si indicano cose o persone vicine a chi parla. Con « quello », invece, si indicano cose o persone lontane da chi parla.

Esempi:

> **Questa** casa me la sono comprata con molti sacrifici.
> **Quella** casa lassù ha una bellissima vista.

Spesso tale concetto di vicinanza o lontananza è puramente soggettivo:

Esempi:

Questo tuo modo di fare mi sembra poco opportuno.
Che sarebbero **quegli** strani modi di fare?

« Quello » esprime talvolta un nostro voluto distacco dalla cosa o dalla **persona** di cui parliamo:

Esempi:

Non voglio più vedere **quella** donna!
Tu, **quelle** idee strane, te le devi togliere dalla testa.

A volte, indicando cose o persone vicine a noi, per una usiamo « questo » e per l'altra « quello »:

Esempi:

Ti piace più **questo** o **quello**?
Scegli **questi** o **quelli**?

In un elenco di nomi, per l'ultimo si usa « questo » e per i precedenti « quello »:

Esempio:

Ho invitato Maria, Giovanni e Pietro. **Questo** (Pietro) sembra un po' indeciso, ma **quelli** (Maria e Giovanni), verranno senz'altro.

Con i verbi coniugati a un tempo passato si usa « quello »:

Esempi:

In **quell'**occasione voi non agiste da persone sagge.
Quello che volevo dirti è tutto qui.

« CODESTO »

Come dimostrativo vero e proprio oggi ha un uso limitato quasi alla sola area toscana. Indica cose o persone lontane da chi parla e vicine a chi ascolta. Spesso il dimostrativo « codesto » si usa per esprimere un senso di distacco o di riprovazione nei confronti di una persona o di una cosa.

Esempi:

Con **codeste** idee non farai molta strada.
Non voglio avere più a che fare con **codesta** persona.
Smettila con **codesti** discorsi!

Pronomi dimostrativi di persona

SINGOLARE		PLURALE	
maschile	**femminile**	**maschile**	**femminile**
questi			
costui	costei	costoro	
quegli			
colui	colei	coloro	

Nota:

Talvolta « costui », « costei », « costoro », « colui », « colei » (1) possono assumere un significato di disprezzo:

Esempi:

Chi è **costui**?
Che cosa vuole **colei**?
Perché sono venuti **costoro**?

Altri dimostrativi

« Stesso », « medesimo »: indicano identità, somiglianza perfetta.

Esempi:

Dice sempre le **stesse** cose.
In questa città comincio ad annoiarmi: incontro sempre le **medesime persone.**

« Tale », « quale »: indicano uguaglianza o somiglianza.

Esempi:

Anche ieri è stato dirottato un aereo: **tali** episodi accadono con troppa frequenza.
Non ti trovo affatto cambiato: sei **tale quale** ti ho visto l'ultima volta.
È **tale quale** suo padre.

« Cotale »: esprime disprezzo.

Esempi:

Un **cotale** sospetto mi offende!
Cotali pretese sono assurde!
« Ciò » ha valore neutro e significa: « questa », « codesta », « quella » cosa.

Esempi:

Non ha tentato nemmeno di giustificarsi e **ciò** prova la sua colpevolezza.
Non si fa vivo da mesi e **ciò** mi preoccupa.

A volte « ciò » significa « quello che ».

Esempi:

Con **ciò** che guadagna riesce a malapena a vivere.
Di **ciò** che gli altri possono pensare non m'interessa affatto.

---

(1) V. qui « I pronomi relativi ».

20. AGGETTIVI E PRONOMI POSSESSIVI

il	mio (1)	il	tuo	il	suo (2)
la	mia	la	tua	la	sua
i	miei	i	tuoi	i	suoi
le	mie	le	tue	le	sue

UN POSSESSORE (masch. o fem.) (2)
- un oggetto posseduto
- più oggetti posseduti

il	nostro	il	vostro	il	loro
la	nostra	la	vostra	la	loro
i	nostri	i	vostri	i	loro
le	nostre	le	vostre	le	loro

PIU' POSSESSORI (masch. o fem.) (2)
- un oggetto posseduto
- più oggetti posseduti

Possessivi AGGETTIVI e possessivi PRONOMI

Esempi:

Quando avrò finito **il mio** lavoro, ti aiuterò a fare **il tuo**.
La mia penna non scrive: mi puoi prestare **la tua**?

Nelle frasi precedenti le forme, **il mio, la mia** sono a g g e t t i v i possessivi, perché accompagnano il nome.

Le forme **il tuo, la tua** sono p r o n o m i, perché sostituiscono un nome.

O s s e r v a z i o n i

L'aggettivo possessivo e l'articolo determinativo

L'aggettivo possessivo **è sempre articolato**. Fanno eccezione i casi in cui esso:

a) segue il nome cui è riferito (la macchina mia, le sigarette tue, mamma mia, ecc.);

b) accompagna un nome di parentela al singolare, non alterato e non preceduto o seguito da altri aggettivi (mio padre, tua madre, suo fratello, vostra sorella, ecc.).

Note per l'insegnante.

(1) Presentare il possessivo articolato è una scelta didattica. E' molto più facile apprendere *la forma articolata* (di gran lunga anche la più frequente) *come norma* e quella non articolata come deviazione, che non il contrario. In tal modo viene sfruttato anche il contrasto con molte lingue straniere: l'italiano è difatti una delle poche lingue analitiche che articolano il possessivo.

(2) Insistere molto su « suo » e « loro » (possessori maschili e femminili).

L'aggettivo possessivo e i nomi di parentela

L'aggettivo possessivo **non prende l'articolo** con i nomi di parentela (madre, padre, sorella, fratello ed altri) **al singolare.**

Esempi:

mio fratello (però: **il** mio amico);
tua sorella (però: **la** tua amica);
nostra figlia;
vostro nonno;
sua moglie.

ATTENZIONE:

« loro » prende **sempre l'articolo:** la loro figlia, il loro padre, ecc.

L'aggettivo possessivo **prende l'articolo:**

a) Se il nome di parentela è al plurale:

Esempi:

i miei fratelli;
le mie sorelle;
le vostre figlie;
i vostri nonni.

b) Se il nome di parentela al singolare è alterato:

Esempi:

il mio fratellino;   il mio babbo;
la mia sorellina;   il mio papà;
la nostra figliola;   la mia mamma;
il vostro nonnino;   il tuo cuginetto;
la sua mogliettina;   la nostra cuginetta.

c) Se il nome di parentela è accompagnato da un altro aggettivo:

Esempi:

il mio fratello maggiore;
la mia sorella sposata;
la vostra figlia più piccola;
la sua fedele moglie.

Il pronome possessivo e l'articolo determinativo

Il pronome possessivo è **sempre articolato,** anche con i nomi di parentela.

Esempio:

Mia sorella e **la tua** sono uscite insieme.

L'uso dell'articolo è facoltativo quando il pronome possessivo è preceduto dal verbo « essere ».

Esempio:

Questa è la mia macchina e quella rossa è (la) sua.

Altre forme che esprimono il possesso

Proprio, a, i, e (suo, a, suoi, sue, loro):

a) « Proprio » è preferito al posto di « suo » e « loro » in riferimento ad un soggetto indefinito.

Esempi:

Ognuno fa **il proprio** dovere.
Tutti rimpiangono **la propria** giovinezza.

b) E' obbligatorio nelle espressioni impersonali.

Esempi:

I difetti altrui si vedono meglio dei **propri.**
Non si può sempre fare **il proprio** comodo.

Il possessivo « suo » si presta a diverse interpretazioni.

Nella frase: « Egli ha lavato la sua macchina », la « **sua** macchina » può significare: **la sua propria** (di chi fa l'azione) e **inoltre:**

la macchina **di lui** (di un altro uomo)
la macchina **di lei** (di un'altra donna)
la macchina **di Lei** (forma di cortesia).

Per il primo significato si preferiscono le forme:

a) Egli ha lavato la macchina (la soluzione migliore).
b) Egli ha lavato la propria macchina.

Per il secondo significato spesso, per maggiore chiarezza, al possessivo si preferisce un complemento di possesso.

Esempi:

Egli ha lavato la macchina **del fratello (di lui)**.
Egli ha lavato la macchina **della sorella (di lei)**.

Tanto più che le forme « la di lui macchina », « la di lei macchina » sono antiquate e in disuso.

Quindi « suo » si userà solo in un contesto che escluda la possibilità di equivoco.

Esempi:

Come non conosco Pietro! Ieri sono stato a casa sua.
Ho visto Maria al cinema con il suo fidanzato.

Nota bene:

Per le azioni che si riferiscono soprattutto alle varie parti del corpo si preferiscono le forme pronominali del verbo.

Esempi:

Egli si è lavato la testa.
Egli si è lavato le mani.

---

21. L'IMPERFETTO INDICATIVO

È un tempo di solito regolare:

	I. GUARDARE	II. CREDERE	III. SENTIRE
io	guardavo	credevo	sentivo
tu	guardavi	credevi	sentivi
egli	guardava	credeva	sentiva
noi	guardavamo	credevamo	sentivamo
voi	guardavate	credevate	sentivate
essi	guardavano	credevano	sentivano

I verbi irregolari all'imperfetto:

	ESSERE	FARE	DIRE
io	ero	facevo	dicevo
tu	eri	facevi	dicevi
egli	era	faceva	diceva
noi	eravamo	facevamo	dicevamo
voi	eravate	facevate	dicevate
essi	erano	facevano	dicevano

BERE	PORRE	TRADURRE	TRARRE
io bevevo	ponevo	traducevo	traevo
tu bevevi	ponevi	traducevi	traevi
egli beveva	poneva	traduceva	traeva
noi bevevamo	ponevamo	traducevamo	traevamo
voi bevevate	ponevate	traducevate	traevate
essi bevevano	ponevano	traducevano	traevano

Uso del presente e dell'imperfetto indicativo

I due tempi hanno molte caratteristiche comuni. Non a caso l'imperfetto è chiamato, con un linguaggio figurato, « il presente del passato ».

I due tempi si usano per:

PRESENTE	IMPERFETTO
1) Un'azione contemporanea alla principale.	
— Ascolto (ora) gli studenti che **parlano** (ora).	— Ascoltavo (allora) gli studenti che **parlavano** (allora).
2) La descrizione di un'azione o di uno stato.	
— La montagna **è** tutta avvolta nella nebbia, che **scende** lentamente verso la valle.	— La montagna **era** tutta avvolta nella nebbia, che **scendeva** lentamente verso la valle.
3) Un'azione o uno stato abituali (che si ripetono).	
— Ogni mattina **vado** all'Università, **mi siedo** al solito posto e **ascolto** la lezione.	— Ogni mattina **andavo** all'Università, **mi sedevo** al solito posto e **ascoltavo** la lezione.
4) Un'azione futura, posteriore rispetto alla principale.	
— So che i suoi genitori **partono** (partiranno) fra una settimana.	— Sapevo che i suoi genitori **partivano** (sarebbero partiti) la settimana dopo.
5) Un'azione passata perfetta (come tempi storici).	
— ... ed allora Cesare **decide** (decise) di attraversare il fiume e di attaccare il nemico.	— Nel 1265 a Firenze **nasceva** (nacque) Dante. — Il 5 maggio 1821 **moriva** (morì) Napoleone Bonaparte.

L'**imperfetto** si usa inoltre:

1) **Per rendere più cortese una nostra richiesta.**

Esempio:
   Scusi, signore, **volevo** (voglio, vorrei) chiederLe un'informazione.

2) **Per sostituire il condizionale composto** (soprattutto con i verbi servili « dovere, potere, volere »).

Esempio:
   Doveva (sarebbe dovuto) partire ieri, ed è ancora qui.

3) Nel III. caso del periodo ipotetico (della impossibilità), in sostituzione dell'imperfetto congiuntivo o del condizionale composto.

Esempio: Se avessi potuto, lo avrei fatto.
           (potevo)   **(facevo)**

22. PRONOMI PERSONALI

Soggetto (Nominativo) — Compl. Oggetto (Accusativo) — Compl. Indiretto (Dativo)

	FORMA tonica / atona (Accusativo)		FORMA tonica / atona (Dativo)	
1) io vedo	vedono me	mi vedono	danno a me	mi danno
2) tu	te	ti	a te	ti
3) egli, lui, esso / lei, ella, essa	lui / lei	lo / la	a lui / a lei / * (a esso, essa)	gli / le
1) noi	noi	ci	a noi	ci
2) voi	voi	vi	a voi	vi
3) essi, esse, loro	loro	li / le	(a) loro / * (a essi, esse)	—** (gli)

FORMA DI CORTESIA

Lei (Ella)	Lei	La	a Lei	Le
Loro (Voi)	Loro (Voi)	Vi * (Li, Le)	(a) Loro / a Voi	—— / Vi

* Forme di uso limitato.
** Nella lingua corrente c'è la tendenza ad usare « gli » come: **a lui, a loro** (maschile e femminile).

Osservazioni sull'uso dei pronomi personali

1. Soggetto

I pronomi personali soggetto hanno un uso limitato in quanto le sole desinenze del verbo sono sufficienti a definire la persona.

Esempi:

lavor**iamo** (noi); lavor**ate** (voi); av**resti** dormito (tu); sar**ebbero** (loro).

I pronomi personali soggetto si usano però:

1) quando si vuole distinguere o contrapporre una persona ad un'altra, o mettere in evidenza un soggetto.

Esempi:

« 'Ha ragione **lei**', pensava ». (Moravia)
« Hai perduto la mamma, ma ne hai trovata un'altra. **Io** sarò la mama tua ». (C. Levi)
Lo fai **tu** o lo faccio **io**?
« Era bravo, **lui**, e lo sapevano tutti ». (A. Palazzeschi)

2) Allorquando le forme dei verbi tendono a confondersi, come per esempio nel congiuntivo presente ed imperfetto.

Esempi:

Loro desiderano che **io** venga (**tu** venga, **lui** venga).
Era necessario che **io** partissi subito (**tu** partissi).

Dopo alcune esclamazioni si usano come soggetto le forme del complemento: me, te, lui, lei.

Esempi:

Povero me! Fortunato te! Beato te! Basta lei! Ecco lui, ecco lei.

Egli-ella

Sono riferiti soltanto a persone. Il loro uso è limitato: al loro posto si preferisce « lui » e « lei ». Se non si possono evitare per le ragioni suddette, si usano soltanto quando sono all'inizio della frase. Dopo « anche », « neanche », « né... né » si usano soltanto « lui », « lei ».

Esempi:

Anche lui ha preferito rimanere a casa.
Questo non lo sanno né lui né lei.
Neanche lui te lo può spiegare.

Esso - essa - essi - esse

Si riferiscono principalmente a cose o animali, più raramente a persone. La frequenza d'uso di questi pronomi varia da regione a regione. Per il plurale, nella lingua parlata, al posto di « essi », « esse » si preferisce « loro ».

Riferendosi a scrittori o a personaggi storici si preferisce evitare sia « egli » che « lui ». È meglio dire: « lo scrittore », « il poeta », « il Pascoli », « il pittore », ecc.

« Noialtri »

Più che come pronome personale indicativo (noi), viene usato quando si vuole contrapporre una categoria di persone ad un'altra.

Esempi:

« Ci riuniamo tutt'e cinque **noialtri** commercianti di questa parte della strada ». (A. Moravia)
Loro se ne vanno a spasso e **noialtri** che siamo poveri dobbiamo stare qui a lavorare anche per loro.

2. Pronomi personali complemento oggetto (Accusativo)

I pronomi personali oggetto hanno due forme: una porta l'accento tonico (non grafico) e si chiama « forma tonica », l'altra ne è priva e si chiama perciò « forma atona ».

Le due forme hanno lo stesso significato. La forma tonica si preferisce quando il tono della frase è enfatico, cioè si vuole dare risalto alla persona a cui si riferisce il discorso.

Esempio:

FORMA TONICA   FORMA ATONA
Chiamano **te**'   **Ti** chiamano.

Nella frase « Chiamano te » l'accento tonico e logico cade su TE: si vuole sottolineare la seconda persona singolare.

Nella frase « Ti chiamano » l'accento cade su « chiAmano » e « ti » specifica soltanto chi viene chiamato.

Lo stesso:

— Invitarono **noi.**   **Ci** invitarono.
— Hanno scelto **lui.**   **Lo** hanno scelto.

Chiamarono improvvisamente **lei** (nessuno si aspettava che chiamassero proprio questa persona: l'enfasi è sul pronome).
— **La** chiamarono improvvisamente (qui non ci si aspettava che la chiamassero; l'enfasi è sul verbo).

Lo stesso:

— Chiamarono improvvisamente **loro.**
— **Li** (le) chiamarono improvvisamente.

3. Pronomi personali complemento di termine (Dativo)

Anche il pronome personale complemento di termine ha due forme: atona e tonica. La differenza d'uso è analoga a quella esistente fra le due forme del complemento oggetto.

Esempi:

« **A noi** non la dà ad intendere » (A. Palazzeschi)
« E **a me** lo vieni a dire? » (A. Palazzeschi)
Non voglio certo che diate ragione solo **a me**.
Mi date o non **mi** date ragione? **Ti** diamo ragione.
Gli diedero il benvenuto.
Affidarono **a lui** il comando.
Le offrirono in premio un viaggio in India.
Quest'anno il premio è andato **a lei**.
Qui **a noi** danno poca importanza.
Ci avete dato una spiegazione sbagliata.
Vi posso chiedere un favore?
È **a voi** che parlo: mi sentite?

Le forme atone del complemento di termine seguono il verbo a cui si uniscono con l'infinito, il gerundio e con l'imperativo diretto (tu, voi, noi). Precedono invece il verbo coniugato ai tempi dei modi finiti e con l'imperativo indiretto (Lei, Loro).

Esempi:

« Mandate**mi** almeno vostra moglie a lavar**mi** i piatti » (Vittorini)
Racconta**mi** tutto ciò che **ti** ha fatto.
Lo salutarono augurando**gli** buon viaggio.
Volevo far**ti** una sorpresa.
Mi dica il Suo nome, per favore.

In italiano è errato l'uso contemporaneo delle due forme (atona e tonica) del pronome complemento di termine, uso tipico, per esempio, dello spagnolo:

Esempi:

  A mi me gusta la música (spagnolo)
  A me — piace la musica (italiano)
 o: ——— **Mi** piace la musica

La forma atona della terza persona plurale del pronome personale dativo manca. Si fa sempre più strada la forma del maschile singolare « gli » con significato di « **a loro** » (maschile e femminile). In tal caso « gli », soprattutto nella forma combinata « glielo », « gliela », « glieli », « gliele » (v.) significa « a lui », « a lei », « a loro » (uomini e donne).

Esempi:

« Loro la roba la pagano, mica **gli** cresce in bottega ». (Moravia)
       (gli = a loro)
« Domani, domani vedrete se **gli** sarà passato il ruzzo ». (Manzoni)
Ho dovuto spiegar**gli** (spiegar loro) tutto.
« La legge l'hanno fatta loro come **gli** è piaciuto ». (Manzoni)

I pronomi allocutivi (tu, voi, Lei Loro)

Si chiamano allocutivi i pronomi che usiamo quando ci rivolgiamo alle persone.

Secondo il carattere dei rapporti fra le persone, si possono usare **tu, Lei, Voi per il singolare,** e **Voi o Loro al plurale.**

TU: è riservato ai rapporti confidenziali, cioè fra persone amiche o parenti. Prevale sempre più la tendenza ad estenderne l'uso anche per rivolgersi a persone con cui non si è in confidenza, ma che si frequentano o che appartengono allo stesso ambiente sociale (fra colleghi, per esempio).

VOI: si usa per gli stessi rapporti espressi per il singolare dal « tu », cioè quando ci si rivolge a più persone amiche.

Si usa inoltre come forma di cortesia, soprattutto nel sud dell'Italia. Questo non è un modello da seguire.

Si usa sempre più spesso come plurale del « Lei ». Alla radio e alla televisione italiana ad una singola persona si dà del **Lei,** agli ascoltatori in genere del **Voi.** Molti professori danno del **Lei** a ciascuno dei singoli allievi e del **Voi** a tutta la classe.

LEI - LORO: pronome allocutivo di cortesia, usato come soggetto e complemento. Con **Lei** si usa il verbo alla terza persona singolare. Con **Loro** il verbo è coniugato alla terza persona plurale. Il possessivo è: Suo, Sua, Suoi, Sue, Loro.

Esempi:

Lei è in ritardo, signor Franchini. (soggetto)
Loro sono pregati di presentarsi in segreteria. (soggetto)
Dico a **Lei,** signor Franchini. (complemento indiretto)
Dico a **Loro,** signori. (complemento indiretto)

L'allocutivo ELLA (per maschile e femminile) è molto formale ed è riservato a persone di rango sociale molto elevato.

Esempio:

Ella, signor Ministro, vorrà concederci l'onore di visitare la nostra città.

Ogni forma di cortesia va scritta con la lettera maiuscola, anche quando è enclitica, cioè segue il verbo all'infinito.

Con la lettera maiuscola vanno scritti anche gli aggettivi e pronomi possessivi Suo, Sua, Suoi, Sue, Loro.

Esempi:

Mi rivolgo a **Lei,** conoscendo la **Sua** alta considerazione della giustizia.
Ho il piacere di mandare **Loro** un campione del nostro prodotto.
Dovrei parlar**Le** urgentemente.
Sono contento di riveder**La** di nuovo fra noi.

23. Raggruppamento dei pronomi personali atoni (Pronomi combinati)

Quando s'incontrano due pronomi atoni, la forma del dativo precede quella dell'accusativo. Con la terza persona singolare e plurale (gli, le, loro) il pronome dativo e accusativo si fondono in una sola parola. La fusione di **gli** e **le** con i pronomi accusativi avviene tramite una « e » e le forme rimangono unite.

Esempi: **Ti** regalo **questo libro** (lo)   ti + lo = **te lo**
         Te lo regalo.

         Darò **a lui questo libro**.   Darò **a lei questo libro**.
         a lui = **gli**; questo libro: **lo**   **a lei** = **le**; questo libro: **lo**
         'gli + lo = **glielo**   le + lo = **glielo**

                      glielo darò

I pronomi atoni dativi **mi, ti, ci, vi** davanti alle forme dei pronomi accusativi e a « ne » diventano: **me, te, ce, ve**.

Esempi:

Diedero **il premio a Vallecchi**.   **Glielo** diedero.
     (lo)   a lui = gli

Riferii **il segreto a Maria**.   **Glielo** riferii.
     (lo)   le(glie)

gli		lo —	glielo
le	glie	la —	gliela
		li —	glieli
		le —	gliele
Le		ne —	gliene

I pronomi combinati con un verbo coniugato ad un modo finito o con l'imperativo indiretto precedono il verbo (sono proclitici).

Esempi: Glielo spiegai.
        Te lo dissi.
        Ve lo abbiamo riferito.
        Ce l'hanno raccontato.
        Glielo dia Lei, per favore.
        Gliene parli Lei, La prego.

I pronomi combinati con un verbo all'infinito, al gerundio, al participio, o con l'imperativo diretto (tu, voi, noi) seguono il verbo (sono enclitici).

Esempi:

Vorrei dir**telo**, ma non posso.
Gli ho dovuto negare quel favore e, negando**glielo**, l'ho perso come amico.
Dovevo pagarle quel debito e, una volta pagato**glielo**, mi sono sentito sollevato.
Diglielo tu.

24. IL PASSATO REMOTO

Il passato remoto regolare:

I. **GUARDARE**	II. **TEMERE**	III. **SENTIRE**
io guard**ai**	tem**ei** (tem**etti**)	sent**ii**
tu guard**asti**	tem**esti**	sent**isti**
egli guard**ò**	tem**é** (tem**ette**)	sent**ì**
noi guard**ammo**	tem**emmo**	sent**immo**
voi guard**aste**	tem**este**	sent**iste**
essi guard**arono**	tem**erono** (tem**ettero**)	sent**irono**

ESSERE	**AVERE**
io fui	ebbi
tu fosti	avesti
egli fu	ebbe
noi fummo	avemmo
voi foste	aveste
essi furono	ebbero

Congiunzione irregolare

I verbi irregolari seguono un modello di coniugazione distinto da quello dei verbi regolari.

Sulla coniugazione irregolare si può osservare quanto segue:

1) La maggior parte delle irregolarità riguardano il **passato remoto** e il **participio passato** (1).

2) La maggior parte dei verbi irregolari appartiene alla seconda coniugazione (2).

I verbi irregolari della prima coniugazione sono soltanto: « andare », « stare », « dare ». Il verbo « andare » è irregolare soltanto al presente.

Il participio passato di questi verbi è regolare (andato, stato, dato).

3) Non tutte le persone del passato remoto presentano irregolarità, ma soltanto la 1ª (io), la 3ª singolare (egli) e la 3ª plurale (essi).

Passato remoto regolare   **Passato remoto irregolare**

	TemERE		**TenERE**
Io	temei (temetti)	io	TENNI
Tu	temesti		tenesti
Egli	temé (temette)	egli	TENNE
Noi	tememmo		tenemmo
Voi	temeste		teneste
Essi	temerono (temettero)	essi	TENNERO

---

(1) Le irregolarità riguardanti il presente, il futuro ed il condizionale sono esaminate nei rispettivi capitoli dedicati a questi tempi (v.).

(2) I verbi della 3ª coniugazione in « -isc- » sono presentati come verbi normali (v. qui « Il presente indicativo »).

4) Anche nelle forme « irregolari » della 1ª e 3ª persona singolare e della 3ª plurale vi è una certa regolarità, e cioè: la 3ª persona singolare si forma dalla 1ª singolare e la 3ª plurale dalla 3ª singolare:

Esempio:

        Io   tenn**i**   -i

        Egli tenn**e**   -e

        Loro tenn**ero**   -ero

5) Le varie irregolarità possono a loro volta essere classificate.

Classificazione dei verbi irregolari della 2ª coniugazione

1) Alcuni verbi prendono una « s » al posto del gruppo « nd » del tema nel passato remoto e nel participio passato:

infinito	**presente indic.**	**pass. remoto**	**partic. passato**
pren**d**ere	prendo	pre**S**i	pre**S**o
spen**d**ere	spendo	spe**S**i	spe**S**o
scen**d**ere	scendo	sce**S**i	sce**S**o

Seguono questo modello altri verbi come:

comprendere, apprendere, difendere, accendere, rendere, appendere, tendere.

2) Altri verbi prendono al passato remoto ed al participio passato una « s » al posto della « d » del tema:

infinito	**presente indic.**	**pass. remoto**	**partic. passato**
chiu**d**ere	chiudo	chiu**S**i	chiu**S**o
ri**d**ere	rido	ri**S**i	ri**S**o
deci**d**ere	decido	deci**S**i	deci**S**o

Seguono questo modello altri verbi come:

uccidere, deludere, illudere, accludere, alludere, ardere, dividere, esplodere, incidere, invadere.

3) Alcuni verbi prendono al passato remoto ed al participio passato una « s » al posto dell'ultima consonante del tema:

infinto	**presente indic.**	**pass. remoto**	**partic. passato**
cor**r**ere	corro	cor**S**i	cor**S**o
immer**g**ere	immergo	immer**S**i	immer**S**o
spar**g**ere	spargo	spar**S**i	spar**S**o

4) Alcuni verbi in « cere » e « gere » formano il passato remoto in « si » e il participio passato in « to »:

infinito	pres. indic.	pass. remoto	partic. passato
vincere	vinco	vin**si**	vin**to**
dipingere	dipingo	dipin**si**	dipin**to**
spingere	spingo	spin**si**	spin**to**

Seguono questo modello altri verbi come:

cogliere, togliere, giungere, piangere, scegliere, sciogliere, attingere, spengere (spegnere), distinguere, tingere, accorgersi, fingere, cingere.

5) Alcuni verbi formano il passato remoto in « si » ed il participio passato in « sto »:

infinito	pres. indic.	pass. remoto	partic. passato
chiedere	chiedo	chie**si**	chie**sto**
rimanere	rimango	rima**si**	rima**sto**
porre	pongo	po**si**	po**sto**

Seguono questo modello altri verbi come:

rispondere, nascondere, ecc.

6) Alcuni verbi formano il passato remoto in « ssi » ed in participio passato in « tto »:

infinito	pres. indic.	pass. remoto	partic. passato
dire	dico	di**ssi**	de**tto**
scrivere	scrivo	scri**ssi**	scri**tto**
leggere	leggo	le**ssi**	le**tto**

Seguono questo modello altri verbi come:

reggere, correggere, proteggere, trarre, dirigere, distruggere.

7) Il verbo « condurre » e i suoi derivati fanno al passato remoto in « ssi » e al participio passato in « otto »:

infinito	pres. indic.	pass. remoto	partic. passato
condurre	conduco	condu**ssi**	cond**otto**
tradurre	traduco	tradu**ssi**	trad**otto**
dedurre	deduco	dedu**ssi**	ded**otto**
produrre	produco	produ**ssi**	prod**otto**
ridurre	riduco	ridu**ssi**	rid**otto**
sedurre	seduco	sedu**ssi**	sed**otto**
addurre	adduco	addu**ssi**	add**otto**

8) I verbi derivati da premere (... primere) formano il passato remoto in « essi » ed il participio passato in « esso »:

infinito	pres. indic.	pass. remoto	partic. passato
esprimere	esprimo	espressi	espresso
opprimere	opprimo	oppressi	oppresso
derimere	deprimo	depressi	depresso
sopprimere	sopprimo	soppressi	soppresso
comprimere	comprimo	compressi	compresso
			ecc.

9) Alcuni verbi formano il passato remoto raddoppiando la consonante tematica. Il participio passato è regolare:

infinito	pres. indic.	pass. remoto	partic. passato
bere (bevere)	bevo	bevvi	bevuto
cadere	cado	caddi	caduto
volere	voglio	volli	voluto
sapere	so	seppi	saputo
tacere	taccio	tacqui	taciuto
piovere	piove	piovve	piovuto
tenere	tengo	tenni	tenuto
piacere	piaccio	piacqui	piaciuto

10) Alcuni verbi della 2ª coniugazione, infine, presentano un quadro, che sfugge ad ogni tentativo di classificazione:

infinito	pres. indic.	pass. remoto	partic. passato
vedere	vedo	vidi	visto
fare	faccio (fo)	feci	fatto
vivere	vivo	vissi	vissuto
stringere	stringo	strinsi	stretto
valere	valgo	valsi	valso
conoscere	conosco	conobbi	conosciuto
crescere	cresco	crebbi	cresciuto
mettere (e composti)	metto	misi	messo
parere	paio	parvi	parso
rompere	rompo	ruppi	rotto

I verbi irregolari al passato remoto e al participio passato della terza coniugazione.

infinito	pres. indic.	pass. remoto	partic. passato
apparire (1)	appaio	apparvi (apparii)	apparso
aprire	apro	(apparsi)	
		aprii (apersi)	aperto
coprire (2)	copro	coprii (copersi)	coperto
venire	vengo	venni	venuto
morire	muoio	morii	morto

25. IL PERFETTO (IL PASSATO PROSSIMO ED IL PASSATO REMOTO)

Il PERFETTO, tempo passato, che per il suo aspetto si oppone all'imperfetto (3), può essere PASSATO PROSSIMO o PASSATO REMOTO.
Nella lingua della conversazione oggi prevale l'uso del **passato prossimo**.

IL PASSATO PROSSIMO	IL PASSATO REMOTO
1) il **passato prossimo** esprime un'azione compiuta, recente, sentita ancora legata al presente, un fatto di cronaca.	1) Il **passato remoto** esprime un'azione compiuta, lontana nel tempo o sentita come non più legata al presente, un fatto storico.
Esempi:	Esempi:
Ho dormito due ore e adesso mi sento meglio.	Ciro **unificò** l'impero persiano antico.
La grandine **ha danneggiato** molto le vigne.	Cristoforo Colombo **scoprì** l'America nel 1492.

Spesso il criterio SOGGETTIVO (come noi sentiamo) prevale su quello OGGETTIVO, CRONOLOGICO (quando si sono svolti realmente i fatti). È spesso una questione di partecipazione ideale ai fatti narrati o di distacco da essi.

Esempio:

« Io **raccontai** subito... A chi **hai raccontato**?... Al Padre Cristoforo... Gli **raccontai** tutto, l'ultima volta che... »   (Manzoni)
Sono due protagonisti de « I Promessi Sposi » che parlano dello stesso fatto: uno usa il passato remoto, l'altro, estremamente interessato, il passato prossimo.

---

(1) Seguono questo modello i verbi derivati da « parere » (comparire, trasparire, scomparire, ecc.).
(2) Come « coprire » si coniugano anche i verbi: scoprire, offrire, soffrire.
(3) V. il capitolo seguente « L'imperfetto ed il perfetto ».

2) Il **passato prossimo** si può usare anche per azioni avvenute lontano nel tempo. Esempio: **L'ho incontrato** un mese fa. (Questa non è solo una notizia, è un fatto che ora per me ha la sua importanza).	2) Il **passato remoto** si può usare anche per azioni avvenute di recente. Esempio: Lo **incontrai** un mese fa per caso. (Questa è solo una notizia che per me ora non ha nessuna importanza).
3) Il **passato prossimo** esprime un'azione avvenuta in un arco di tempo non interamente trascorso (questa settimana, questo mese, quest'anno, questo secolo, millennio, ecc.), ed in tal caso si riferisce anche ad azioni avvenute molto lontano nel tempo. Esempio: Negli ultimi quattro secoli **sono avvenute** scoperte scientifiche che **hanno cambiato** completamente la vita dell'uomo.	3) Il **passato remoto** esprime un'azione avvenuta in un arco di tempo definitivamente trascorso. Esempi: Nel '500 e nel '600 **avvennero** le principali scoperte astronomiche. Nel '700 **ebbero** un grosso sviluppo le scienze esatte. Nell'800 **fecero** enormi progressi la medicina e la meccanica.
4) Il **passato prossimo** esprime un'azione passata, compiuta, i cui effetti perdurano al presente. Esempi: Dante ci **ha lasciato** un sublime esempio di poesia. Gli antichi romani **hanno costruito** a Serdica (oggi Sofia) un acquedotto che è ancora in uso.	4) Il **passato remoto** esprime un'azione passata, compiuta, che, per quanto importante, rimane legata ad un momento storico. Esempi: Dante **fu esiliato** da Firenze nel gennaio del 1302. Gli antichi romani **costruirono** molti acquedotti.
5) Il **passato prossimo** s'usa talvolta al posto del futuro anteriore. Esempio: Quando **sei arrivato**, telefonami!	5) Il **passato remoto** s'usa spesso al posto del piuccheperfetto. Esempio: Quando **arrivarono** (= furono arrivati), gli telefonarono.

6) Il passato prossimo indica azioni o stati riferiti a periodi di tempo indeterminato. E' accompagnato spesso, in questo caso, dagli avverbi « sempre » e « mai ».

Esempi:

Mia moglie è stata sempre un'ottima madre.
Non ho mai visto una cosa simile.
Te l'ho sempre ripetuto.
Questo non è stato mai possibile.

Nell'Italia settentrionale si preferisce il PASSATO PROSSIMO. Nell'Italia meridionale, invece, si preferisce come unico perfetto il PASSATO REMOTO. Quindi esiste una certa libertà di scelta fra il passato prossimo ed il passato remoto per raccontare un fatto. Ma questo **all'inizio** della narrazione. Una volta fatta la scelta iniziale di uno dei due tempi, **dobbiamo continuare** sempre con lo stesso tempo, fino alla fine della narrazione.

---

26. L'IMPERFETTO ED IL PERFETTO

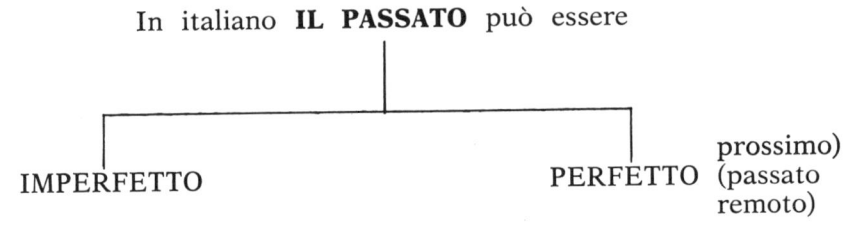

In italiano **IL PASSATO** può essere

```
         ┌──────────────┴──────────────┐
    IMPERFETTO                    PERFETTO  (passato prossimo)
                                            (passato remoto)
```

I due tempi hanno **due diversi aspetti:**

1) L'**imperfetto** serve per esprimere un'azione **non compiuta**, vista **in un momento** del suo svolgersi.	1) Il **perfetto** (pass. prossimo e pass. remoto) serve per esprimere un'azione **compiuta**, già svolta.
Esempio:	Esempio:
Stamattina alle 10 **dormivo** ancora.	Stamattina **ho dormito** fino alle 10. (Significa che ho finito di dormire alle 10).
graficamente:	graficamente:
------- ore 10 ------- dormivo	ho dormito | ore 10 dormii
(E' presentato un solo momento di tutta l'azione: le ore 10. In quel momento **dormivo** ancora).	(E' presentata **tutta** l'azione: fino alle 10. Fino a quel momento **ho dormito**).

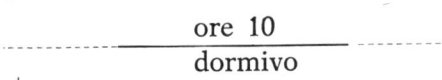

2) L'**imperfetto** esprime due o più azioni non compiute svoltesi contemporaneamente.
 	
Esempio:
 	
Mentre lui **studiava** a Roma io **lavoravo** a Perugia.
 	
graficamente:
 	
    lui studiava a R.
    io lavoravo a P.
	2) Il **perfetto** esprime due o più azioni compiute, svoltesi una dopo l'altra.
	
	Esempio:
	
	Prima **ho studiato (studiai)** 4 anni a Roma e dopo **ho lavorato (lavorai)** 2 anni a Perugia.
	
	graficamente:
	
	ho studiato a R. ho lavorato a P.
	studiai lavorai

3) L'**imperfetto** esprime un'azione già in atto nel momento in cui è avvenuta l'azione principale (di solito al perfetto). Esempio: **Lavoravo** già da due anni quando **mi sono sposato (mi sposai)**.	3) Il **perfetto** esprime l'azione principale che è avvenuta sullo sfondo della secondaria (all'imperfetto). Esempio: **Mi sono sposato (mi sposai)** quando **lavoravo** già da due anni.

graficamente:

                        mi sono sposato (mi sposai)
        lavoravo

Il passato (l'imperfetto ed il perfetto)

L'opposizione fra IMPERFETTO e PERFETTO non si basa sul fattore DURATA dell'azione, equivoco purtroppo frequente. Ciò che conta è invece l'ASPETTO dell'azione, vale a dire se l'azione è compiuta (PERFETTO) o non compiuta (IMPERFETTO), se l'azione viene presentata in **un momento** del suo svolgersi (IMPERFETTO) o nella sua **interezza** (PERFETTO).

Un'azione può essere durata anche dei secoli, e ciò nonostante, se è un'azione compiuta, s'usa il **perfetto**.

Esempi:

    Gli arabi **rimasero** in Sicilia molti secoli.
    La dominazione turca nei Balcani **durò** cinque secoli.

Viceversa, anche per azioni di brevissima durata, s'usa l'**imperfetto**, quando queste azioni sono più volte ripetute o legate l'una all'altra, quasi in modo da formare una catena di fatti. Per esempio la descrizione di una partita, composta di singoli atti brevi:

    I giocatori **cadevano, si rialzavano** in un secondo, **riprendevano** il pallone, **venivano raggiunti** subito dagli avversari che **cercavano** di strappare loro il pallone; nella lotta **cadevano** di nuovo, poi **si rialzavano** come razzi e **riprendevano** il gioco.

graficamente:

OOOOOOOO

Ciascun anello della catena è un atto a sé che, come momento singolo ed indipendente, deve essere reso dal PERFETTO:

Esempio:

I giocatori **caddero**. I giocatori **si rialzarono** in un secondo. **Ripresero**... ecc.

Ciascuna azione inizia e finisce in sé, senza l'idea della continuità o della ripetizione.

graficamente:

|—caddero—| |—si rialzarono—| |—ripresero—|

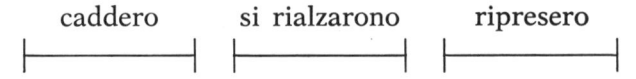

Talvolta l'imperfetto s'usa al posto del perfetto (passato prossimo) per ricollegarsi ad un discorso lasciato interrotto:

Esempi:

Dunque, come **dicevamo** (abbiamo detto) ieri...
Come **stavamo dicendo** poc'anzi...

Nota:

Per gli altri usi dell'imperfetto v. il capitolo « Il presente e l'imperfetto ». Per gli altri usi del passato prossimo e del passato remoto v. il capitolo « Il perfetto: passato prossimo e passato remoto ».

---

27. USO DELLE PREPOSIZIONI

La preposizione, a differenza delle altre parti del discorso, **non ha un significato suo proprio.**

Le preposizioni « a » o « di », per esempio, da sole non significano niente di preciso. Acquistano un significato solo in unione con un'altra parola. Stanno sempre davanti a tale parola e formano con essa un **complemento** (1).

Esempi:

— Ho regalato un libro **a Maria.**
— Il disco è **di Maria.**
— Sono **in casa**   (luogo),
— Parla **in fretta**   (modo),
— Viaggio **in treno**   (mezzo).

---

(1) V. *Sintassi*, « Varietà dei complementi e uso delle preposizioni ».

Non avendo un significato proprio ed autonomo, le preposizioni non si possono tradurre letteralmente in nessun'altra lingua.

Spesso lo studente straniero si abitua sin dall'inizio ad un significato preciso di una preposizione e in seguito si trova in difficoltà quando si accorge che tale preposizione può prenderne un altro completamente diverso.

Così, per esempio, se ci abituiamo all'idea che «SU» significa «sopra» e «IN» significa «dentro», sarà molto difficile in seguito apprendere usi come: «Un uomo **sui** trent'anni», «andare **in** bicicletta», ecc.

Le preposizioni servono soltanto a stabilire diversi **rapporti** fra le varie parole. Perciò noi studieremo non interminabili elenchi degli usi delle diverse preposizioni, ma i vari **rapporti** che esse stabiliscono fra le parole. Tali rapporti possono essere di PROPRIETA' di CAUSA, di SCOPO, di TEMPO, di LUOGO, ecc.

Lo studio di tali rapporti, a differenza dello studio nelle singole preposizioni, presenta il vantaggio di offrire un filo logico che si può seguire caso per caso.

I. **Rapporto di luogo.**

domanda: «dove?», «da dove?», ecc.

a) Con i nomi di città, di villaggi, di piccole isole, si usa la preposizione «**a**»:

Vivo **a Perugia**   Vado **a Perugia**
Vivo **a Capri**   Vado **a Capri**

b) Con i nomi di continenti, di paesi, di grandi isole, si usa la preposizione «**in**»:

Sono venuto **in Europa, in Italia, in Sicilia.**
Viviamo **in Europa, in Italia, in Sicilia.**

c) Con i verbi **partire, passare**, si usano le preposizioni «per» e «da»:

Partono **da Perugia per Roma** stasera tardi.
Per andare a Roma passo do solito **da (per) Foligno.**

d) Con il verbo **tornare** si usa la preposizione «da»:

È appena tornato in Italia **dalla Germania, da Monaco.**
«Da» in questo caso indica allontanamento da un luogo.

e) Con i nomi di persona i verbi di stato e di moto (stare, andare, tornare, venire) prendono la preposizione « da »:

Esempi:

    Sono andato **da Roberto** (= a casa sua, dove sta lui).
    Devi andare **dal medico** (= nello studio del medico).
    Sono tornato **da mia madre,** per vedere come stava.
    Vieni **da me stasera?** (= a casa mia).
    Dove vive Luisa? Sta **dagli zii** (= in casa degli zii).

II. Rapporto di possesso.

Domanda: « di chi? »

Esempi:

« di »:

    La casa **di mio nonno** (= la sua casa).
    Il disco **di Pietro** (= il suo disco).
    Tutte queste terre sono **di suo zio** (= sono sue).

« a »:

    Tutte queste terre appartengono **a suo zio** (= sono sue).

III. Rapporto di dativo.

Domanda: « a chi? »

    Si usa soltanto la preposizione « a »:

Esempi:

    Abbiamo regalato una cravatta **a Giacomo** per il suo compleanno.
    Hai consegnato la lettera **al direttore?**
    Ho dato la mia macchina **a loro.**
    Hai prestato quei soldi **alla tua amica?**
    Avete offerto qualcosa da bere **alla signora?**

IV. Rapporto di specificazione.

Domanda: « di che? »

    Specificare vuol dire determinare, dare un significato più preciso ad una parola. Si usa soltanto la preposizione « **di** »:

Esempi:

l'acqua **del mare**	la luce **del giorno**
i colori **del bosco**	l'aria **della montagna**
la città **di Pavia**	il mese **di gennaio**

V. Rapporto di materia.

Domanda: « di che cosa? »

    Si usa soltanto la preposizione « **di** »

Esempi:

| un orologio **d'oro** | una cornice **d'argento** |
| un vestito **di lana** | una camicia **di seta** |

VI. **Rapporto di compagnia.**

Esempi: Domanda: « con chi? »

« con »:

    Vado a Milano **con lui.**
    Sto bene **con te.**

« insieme con » (« insieme a »):

    Questo lavoro lo faccio **insieme con lui (insieme a lui).**
    Vive **insieme ai genitori (insieme con i genitori).**

VII. **Rapporto di argomento.**

    Domanda: « di chi? », « di che cosa? », « su chi? », « su che cosa? »

« di »:

Esempi:

    Sono noiosi perché parlano sempre **dei fatti loro.**
    Mia moglie mi ha parlato molto **di Lei,** signora.

« su »:

Il presidente ha tenuto un discorso **sulla situazione economica** del paese.

VIII. **Rapporto di modo (maniera).**

Esempi: Domanda : « come? »

« con »:

    Lavora **con passione.**
    Devi guardare al futuro **con fiducia.**

« a »:

    È tornato **a mani vuote** (senza aver ottenuto nulla).
    Leggi **ad alta voce!**

« in »:

    Se parli così **in fretta,** non ti capisco.
    Me lo ha raccontato **in breve.**

« di »:

    L'ho fatto **di mia spontanea volontà.**
    Te l'offro **di tutto cuore.**

« da »:

    Si è comportato **da persona poco corretta.**
    In quell'occasione ha agito **da stupido.**

IX. Rapporto di mezzo (strumento).

Domanda: « con che cosa? »

Esempi:

« con »:

Sono arrivato **con il treno delle quattordici.**
Ho scritto il biglietto **con la matita,** perché non avevo la penna.

« in »:

Carlo preferisce viaggiare **in treno** piuttosto che **in macchina.**

« per »:

Te lo manderò **per posta.**
Te lo spedisco **per via aerea.**

X. Rapporto di tempo.

Domanda: « quando? » (in generale)

Esempi:

« a »:

Ci vediamo **alle sette.**
Tornerò **a giugno.**

« di »:

Preferisco lavorare **di giorno,** invece che **di notte.**
D'inverno in questa città fa molto freddo.

« fra » (« tra »):

Ci vediamo **fra (tra) due giorni.**
Farò questo viaggio **fra (tra) quindici giorni** (= comincerò il viaggio dopo 15 giorni a partire da oggi).

« in »:

Farò questo viaggio **in quindici giorni** (= il viaggio durerà 15 giorni).
Riuscirai a farlo **in due settimane?** (=entro il periodo di 15 giorni, non più tardi).

« per »:

Ha parlato **per due ore** (= l'azione è durata due ore).
Sarò fuori città **per due settimane.**

« da »:

Cerca lavoro **da un anno** e ancora non è riuscito a trovarlo.
Aspetto qui **da diverse ore.**

XI. Rapporto di scopo (fine).

Domanda: « perché? », « a quale scopo? »

Esempi:

« per »:

Lavora **per l'avvenire dei figli.**
Non lo faccio soltanto **per i soldi.**
Deve lavorare **per mantenere** tutta la famiglia.
Gliel'ho detto **per fargli** un favore.

XII. Rapporto di causa.

Domanda: « perché? », « per quale causa? »

Esempi:

« per »:

È assente **per malattia** (= perché è malato).
Lo hanno rimproverato **per il ritardo.**
Lo hanno rimproverato **per essere arrivato** in ritardo.
Si è sentito male **per aver bevuto e mangiato** troppo.

OSSERVAZIONI SULL'USO DELLE PREPOSIZIONI CON I VERBI

A) Si uniscono all'infinito **senza preposizione**:

1) I **verbi modali (servili)**: potere, volere, dovere, sapere.

Posso chiederti un favore?
Vuoi venire con me?
Devi farmi un piacere.
Sai guidare la macchina?

2) I verbi **lasciare** e **fare**.

Lascialo andare!
Gli hai fatto vedere la tua discoteca?

3) I **verbi di percezione** (vedere, sentire, udire)

L'ho visto crescere giorno per giorno.
Ho sentito arrivare la macchina.
Lo udirono gridare e invocare aiuto.

4) Le **espressioni impersonali**.

È facile cadere in questo errore.
È possibile visitare la città in un giorno solo.
È inutile discutere con loro.
È peccato perdere tempo in questo modo.
Basta avere un po' di pazienza.
Bisogna decidersi presto.

B) I verbi che indicano **l'inizio e la continuazione** di un'azione prendono la preposizione « **a** ».

Comincia a far freddo.
Continuava a nevicare.
Si misero a correre.
Hanno iniziato a discutere.

C) I verbi che indicano la fine di un'azione prendono la preposizione « **di** ».

Ha finito di parlare.
Ha smesso di piovere.
Terminerò di studiare.

D) **Altri verbi richiedono preposizioni fisse davanti all'infinito.**

« a »:

Devo **andare a** prenderlo alla stazione.
Sta ad osservare in silenzio.
Ho provato più volte **a** far partire la macchina, ma senza esito.
Non riesco a capire come possa essere successo.
Devi **affrettarti ad** uscire, se non vuoi perdere il treno.
Si è abituato a vivere in campagna.
Si è deciso a partire in treno.

« di »

Ha deciso di partire in treno.
Ricordati di salutarlo da parte mia.
Cerca di tornare presto!
Penso di andare a trovarlo stasera.
Ti prego di avvisarmi quando arrivi.
Non mi **hanno permesso di** fare l'esame, perché mi sono iscritto in ritardo.
Non **mi sono accorto di** averlo offeso.
Appena l'ha saputo, **si è preoccupato** subito **di** avvertirci.
Non ne **vuole sapere di** tornare a vivere in città.

E) **Usi della preposizione « da »:**

1. con verbi all'infinito

È un film **da vedere** (= che tutti dovrebbero vedere).
Non sono cose **da dire** queste (= sono cose che non dobbiamo dire).
Questa camicia è **da lavare**? (= deve essere lavata?).
Cerco una casa **da prendere** in affitto (= che posso prendere in affitto).

È **pazzo da legare** (= molto pazzo, veramente pazzo).
Le cose che dice lui non sono **da prendere** sul serio (= non devono essere prese sul serio).
Va' a comprare qualcosa **da bere** (= che possiamo bere).
È noioso **da morire** (= molto noioso).

2. **con nomi e pronomi**

Una ragazza **dai capelli bruni** (= che ha i capelli bruni).
Non è **da te** questo gesto! (= non si addice a te).
Camera **da letto** (= camera usata per dormire).
Occhiali **da sole** (= usati per riparare gli occhi dalla luce).
Fazzoletto **da naso** (= usato per pulire il naso).
Costume **da bagno** (= che serve per la spiaggia).
Banconota (biglietto) **da diecimila lire** (= che vale 10.000 lire).

---

28. PARTICELLE AVVERBIALI E PRONOMINALI
« NE » - « CI » (« VI »)

« NE »: Particella avverbiale atona. Sostituisce un complemento o una intera proposizione retta dalle preposizioni « di » o « da ». Quindi « ne » significa: « di questa cosa », « di ciò », « di questa persona », « di lì », « da qui », « da questo luogo », « da ciò », « da questa persona », ecc.

Esempi:

Hai sentito parlare delle elezioni anticipate? Si, **ne** ho sentito parlare in questi giorni (ne = di questa cosa, di ciò).

È un'attrice ormai famosa: **ne** parlano tutti (ne = di lei).

Oggi sono stato a Roma e **ne** sono appena tornato (ne = da lì, da quel luogo).

Hai saputo quella notizia? Sì, e **ne** sono rimasto sconvolto (ne = da ciò).

Ho conosciuto anch'io quella cugina tua e **ne** sono rimasto affascinato (ne = da lei).

Paolo è partito due mesi fa e non **ne** ho saputo più niente (ne = di lui).

« NE » risulta quasi sempre intraducibile in altre lingue.

« NE » non si deve confondere con la congiunzione negativa « NÈ ».

Esempio:

Non desidero **né** questo **né** quello.

Accordo con il participio passato nei tempi composti (1)

Nei tempi composti, sia con il verbo ausiliario « avere » che con « essere », il participio passato s'accorda con « ne » riferito al compl. oggetto.

Ho visto delle arance siciliane e **ne** ho compr**ate** quattro.
Ho visto delle cravatte nuove e **ne ho** comprat**a** una.
Vuoi un caffè? No, grazie, **ne** ho già pres**i** diversi.
Vuole un'altra sigaretta signorina? No, grazie, **ne** ho già fum**ate** più di venti.

USO PLEONASTICO DI « NE »

È molto frequente e si ha quando « ne » è usato non in sostituzione del complemento, ma insieme ad esso, ed è quindi logicamente superfluo.

Che me **ne** faccio **delle tue promesse**?
Ne ho letti tanti **di quei libri** in gioventù.

Tale uso si ha quando la proposizione comincia con il complemento.

Di questa faccenda ne ho già sentito parlare.
Di scene simili ne ho viste già troppe.

USO IDIOMATICO DI « NE »

Che **ne** è di tuo fratello?
Non stancarti troppo: **ne** va della tua salute.
Non volermene, non l'ho fatto apposta.

« CI » (« VI »)

« CI » (« VI »): Particella avverbiale e pronominale atona. Sostituisce un complemento o una intera proposizione retta dalle preposizioni « a », « in » e « su ». Quindi « CI » (« VI ») significa: « a questa cosa », « a ciò », « a questa persona », « in », « su questa cosa », ecc. « VI » ha lo stesso significato di « CI », ma è riservato ad uno stile più elevato.

Non preoccuparti: **ci** penso io (ci = penso io a ciò).
Dice che penserà a tutto lui, ma non **ci** credo (ci = a ciò, a questa cosa).
Pensi talvolta ai tuoi parenti? Sì, **ci** penso (ci = a loro).
Domani vado a Firenze. **Ci** vieni anche tu? (ci = A Firenze).
Vivo a Perugia da più di un anno e **ci** sto bene (ci = in questo luogo, in questa città).
Non sei venuto. E io **ci** contavo tanto! (ci = contavo su ciò).
Il grado di sviluppo raggiunto dal Paese è notevole e **vi** hanno contribuito tutte le forze democratiche (vi = a questo sviluppo).

---

(1) V. qui 16. « Accordo del participio passato ».

« CI » (« VI ») non si deve confondere con « ci » e « vi » pronomi personali e riflessivi (noi ci riposiamo; voi vi riposate, ecc.).

« CI » (« VI ») risulta quasi sempre intraducibile in altre lingue. « CI » (« VI ») davanti alle forme pronominali « lo », « la », « li », « le », « ne » diventa « CE » (« VE »): ce lo troverai sicuramente; ve se sono tanti, ecc.

USO PLEONASTICO DI « CI » (« VI »)

Con « CI » (« VI ») il pleonasmo non è così sentito come spesso avviene con « NE », ed è quindi molto più frequente.

Esempio:
   A Roma ci vado sempre volentieri.
   Ai problemi tuoi devi pensar**ci** da solo.
   Alle parole tue non **ci** crede più nessuno.
   A piedi ora non **ci** va più nessuno.

Uso idiomatico di « CI » (« VI »)

Riguarda:
   le forme « c'è », « ci sono » (v'è, vi sono).
   Qui c'è troppa gente (ci = qui).
   In questo posto ci sono molte zanzare (ci = in questo posto).
   Espressioni impersonali come: « ci vuole » (è necessario).

Esempio:
   Qui ci vuole un po' di ordine.
   Altre forme idiomatiche: « metterci » (impiegare tempo o energia).

Esempi:
   Ci ho messo dieci ore.
   Lei ci mette poco a farlo.

« caderci », « cascarci » (lasciarsi ingannare, cadere in trappola).

Esempio:
   Ci è cascato sin dalle prime parole.

« vederci », « sentirci » (vedere o sentire in assoluto, non essere ciechi o sordi).

Esempi:
   Attenzione! Non ci vede (è cieco).
   Poveretto! Non ci sente è (sordo).

inoltre:
   Io cambio posto: da qui non ci vedo (non ci sento) bene.

Con « avere »:

Esempi:
   Hai la macchina? Sì, ce l'ho.
   Puoi prestarmi 10.000 lire? Mi dispiace, ma non ce le ho.

29. IL PIUCCHEPERFETTO: Trapassato prossimo e Trapassato remoto.

TRAPASSATO PROSSIMO:

	I. GUARDARE	II. CREDERE	III. FINIRE
io	avevo	avevo	avevo
tu	avevi	avevi	avevi
egli	aveva	aveva	aveva
noi	avevamo guardato	avevamo creduto	avevamo finito
voi	avevate	avevate	avevate
essi	avevano	avevano	avevano

	ANDARE	CADERE	PARTIRE
io	ero	ero	ero
tu	eri } andato, a	eri } caduto, a	eri } partito, a
egli	era	era	era
noi	eravamo	eravamo	eravamo
voi	eravate } andati, e	eravate } caduti, e	eravate } partiti, e
essi	erano	erano	erano

	AVERE		ESSERE
io	avevo		ero
tu	avevi		eri } stato, a
egli	aveva		era
noi	avevamo } avuto		eravamo
voi	avevate		eravate } stati, e
essi	avevano		erano

TRAPASSATO REMOTO

	I. GUARDARE	II. CREDERE	III. FINIRE
io	ebbi	ebbi	ebbi
tu	avesti	avesti	avesti
egli	ebbe	ebbe	ebbe
noi	avemmo guardato	avemmo creduto	avemmo finito
voi	aveste	aveste	aveste
essi	ebbero	ebbero	ebbero

	ANDARE	CADERE	PARTIRE
io	fui	fui	fui
tu	fosti } andato, a	fosti } caduto, a	fosti } partito, a
egli	fu	fu	fu
noi	fummo	fummo	fummo
voi	foste } andati, e	foste } caduti, e	foste } partiti, e
essi	furono	furono	furono

AVERE		ESSERE	
io ebbi		fui	
tu avesti		fosti	stato, a
egli ebbe	avuto	fu	
noi avemmo		fummo	
voi aveste		foste	stati, e
essi ebbero		furono	

USO DEL PIUCCHEPERFETTO (Trapassato prossimo e Trapassato remoto)

Il perfetto ed il piuccheperfetto

IL PIUCCHEPERFETTO ha due forme: il TRAPASSATO PROSSIMO ed il TRAPASSATO REMOTO.

La denominazione « prossimo » e « remoto » non è esatta e può trarre in inganno lo studente, come non è esatto che il **trapassato prossimo** si usi in stretta correlazione con il **passato prossimo.**

Come trapassato oggi in italiano si usa quasi soltanto il **trapassato prossimo.**

Il piuccheperfetto esprime un'azione passata **dipendente**, avvenuta prima della principale passata, quindi è **più che passata, trapassata.**

Nel periodo: « Ha aperto la lettera e l'ha letta », è chiaro che abbiamo due azioni passate e che « ha aperto » precede « ha letto »; ma si tratta di due azioni indipendenti l'una dall'altra, compiute separatamente.

graficamente:

<u>ha aperto la lettera</u>   <u>ha letto la lettera</u>

Invece nel periodo: « Dopo che aveva aperto la lettera, l'ha letta », abbiamo sempre due azioni passate, ma l'anteriore (« dopo che aveva aperto la lettera ») non è indipendente, non forma da sola un pensiero compiuto. Indica le circostanze di tempo in cui è avvenuta la principale, cioè:

« Ha letto » la lettera solo dopo che « l'aveva aperta », né prima, né durante, ma **d o p o.**

Il trapassato prossimo

Il cosiddetto **trapassato prossimo** esprime un'azione dipendente **anteriore** non solo al **passato prossimo,** ma anche al **passato remoto** ed allo stesso **trapassato remoto.**

Nel periodo: « Bruto vide che Cesare era stato ucciso », mancano le condizioni necessarie per usare il trapassato remoto (v. il prossimo paragrafo). Per esprimere un'azione anteriore a quella al passato remoto usiamo il trapassato prossimo (« era stato ucciso »).

Nel periodo: « Bruto, quando **ebbe** visto che Cesare **era stato ucciso, uscì** dal senato », per esprimere un'azione anteriore sia a quella del **passato remoto** (« uscì »), sia a quella del **trapassato remoto** (« ebbe visto »), abbiamo usato il **trapassato prossimo** (« era stato ucciso »).

Esempi:

Il commissario **seppe**	che l'uomo **era stato ucciso.**
Il commissario **sapeva**	che l'uomo **era stato ucciso.**
Il commissario **ha saputo** ieri	che l'uomo **era stato ucciso.**
Il commissario **aveva saputo**	che l'uomo **era stato ucciso.**
Dopo che il c. **ebbe saputo**	che l'uomo **era stato ucciso, chiamò** la centrale.

E così anche:

— Quando **ebbe constatato** che tutta la roba **era stata mangiata, uscì** per comprarne dell'altra.

— Quando **vennero** a cercarmi (**sono venuti** a cercarmi), **ero** già **uscito.**

— Quella **era** una delle poche cose buone che **avevo visto** in lui.

— **Avevo** già **terminato** gli studi quando mio fratello **frequentava** ancora il liceo.

Quindi, il **vero trapassato** italiano, dal punto di vista anche della frequenza d'uso, è il TRAPASSATO PROSSIMO.

Uso indipendente del trapassato prossimo

— Che bella chitarra hai. Complimenti!
— Come, non l'**aveva ancora vista**?
— No, l'ho vista oggi per la prima volta.

Le frasi sono solo apparentemente indipendenti: l'azione principale, al perfetto, si sente nel contesto.

Il trapassato temoto

Per poter usare il **trapassato remoto** è necessario un insieme di **quattro condizioni:**

1) La proposizione in cui si usa il trapassato remoto deve essere una dipendente temporale.

2) La proposizione dipendente temporale deve essere introdotta da un avverbio di tempo (dopo, quando, allorché, finché, appena, ecc.).

3) La proposizione dipendente deve esprimere un'azione immediatamente precedente a quella della principale.

4) Il predicato della principale deve essere al passato remoto.

Esempi:

« Appena **ebbe proferite** queste parole, si morse la lingua ».

(Manzoni)

Non interruppe il suo discorso, finché non **ebbe detto** tutto quello che voleva dire.

Siccome è piuttosto difficile che si verifichino tutte e quattro le condizioni insieme, l'uso di questo tempo è raro. Si preferisce perciò sostituirlo con altri mezzi sintattici, per cui rimandiamo al capitolo « Modi e tempi d'azione anteriore al passato e al futuro » della **Sintassi**.

Esempi:

Appena lo **ebbero riconosciuto,** lo arrestarono.

Dopo **averlo riconosciuto,**
Avendolo riconosciuto, } lo arrestarono.
Riconosciutolo,

---

30. I PRONOMI RELATIVI

I. CHE

| Il ragazzo | CHE legge | **Singolare** |
| La ragazza | CHE legge | |

SOGGETTO (Nominativo)

| I ragazzi | CHE leggono | **Plurale** |
| Le ragazze | CHE leggono | |

| Il ragazzo | CHE vedo | **Singolare** |
| La ragazza | CHE vedo | |

OGGETTO (Accusativo)

| I ragazzi | CHE vedo | **Plurale** |
| Le ragazze | CHE vedo | |

Nota: CHE

1) Si usa solo come Soggetto (Nominativo) e come Complemento oggetto (Accusativo), quindi **senza preposizione.**
2) È **invariabile** (vale per maschile, femminile, singolare, plurale).
3) Non prende **mai l'articolo.**

Osservare:

La forma « IL CHE » significa « e questo », « e ciò ».
Si usa solo per il soggetto.

Esempio:

Lei parla troppo, **il che (e questo)** disturba tutti.

II. CUI

Il ragazzo	di CUI parlo
La ragazza	con CUI studio
I ragazzi	su CUI conto
Le ragazze	a CUI parlo

(Le ragazze CUI parlo)
(CUI — complemento di termine può essere usato anche senza la preposizione « a »).

Nota: **C U I**

1) Si usa solo per i complementi indiretti, **sempre** preceduto da una preposizione.

2) È **invariabile** (vale per maschile, femminile, singolare, plurale).

3) Non prende **mai l'articolo.**

Osservare

Il pronome CUI preceduto dall'articolo (il cui, la cui, ecc.) è usato in funzione di possessivo. Può riferirsi al soggetto e a tutti i complementi (vedi paragrafo V).

Soggetto

È lo scrittore il CUI libro ha vinto il premio Viareggio.
È la scrittrice il CUI libro ha vinto il premio Taormina.

Complementi

Lo scrittore (la scrittrice) del CUI libro parliamo è inglese.
Questi sono gli studenti del CUI paese oggi parliamo in classe.

L'articolo prende il genere ed il numero dell'oggetto posseduto (**il cui libro**); e non del possessore (lo scrittore; la scrittrice).

III. **IL QUALE**

A) Sostituisce CHE (Soggetto/Nominativo e Compl. Oggetto/Accusativo).

Il ragazzo	IL QUALE	(che) legge
La ragazza	LA QUALE	(che) legge
I ragazzi	I QUALI	(che) leggono
Le ragazze	LE QUALI	(che) leggono
Il ragazzo	IL QUALE	(che) vedo
La ragazza	LA QUALE	(che) vedo
I ragazzi	I QUALI	(che) vedo
Le ragazze	LE QUALI	(che) vedo

Nota bene:

Con l'Accusativo si usa di più « CHE ».

B) Sostituisce CUI (Complementi indiretti).

Il ragazzo DEL QUALE (di cui) parlo.
La ragazza CON LA QUALE (con cui) studio.

I ragazzi SUI QUALI (su cui) conto.
Le ragazze ALLE QUALI (a cui) parlo.

Nota:

IL QUALE

1) Si usa per il soggetto e per tutti i complementi.

2) È **variabile** (si accorda nel genere e nel numero).

3) Prende **sempre l'articolo**, o è preceduto da una preposizione articolata.

IV. CHI

Il pronome relativo-indefinito CHI si usa solo al singolare. Si distingue dagli altri relativi perché non segue il nome, ma lo sostituisce del tutto.

Esempio:

I ragazzi CHE vogliono partecipare alla gita, s'iscrivano nell'elenco. (pronome relativo).

CHI (= le persone, i ragazzi CHE) vuole partecipare... (pronome relativo-indefinito).

V. PRONOMI RELATIVI DI SPECIFICAZIONE (POSSESSO, APPARTENENZA)

Soggetto e Complemento diretto (oggetto)

Ecco	il ragazzo / la ragazza / i ragazzi / le ragazze	il cui libro = il libro	del quale / della quale / dei quali / delle quali	è stato ritrovato (abbiamo ritrovato)
Ecco	il ragazzo / la ragazza / i ragazzi / le ragazze	la cui penna = la penna	del quale / della quale / dei quali / delle quali	è stata ritrovata (abbiamo ritrovato)
Ecco	il ragazzo / la ragazza / i ragazzi / le ragazze	i cui libri = i libri	del quale / della quale / dei quali / delle quali	sono stati ritrovati (abbiamo ritrovato)
Ecco	il ragazzo / la ragazza / i ragazzi / le ragazze	le cui penne = le penne	del quale / della quale / dei quali / delle quali	sono state ritrovate (abbiamo ritrovato)

Complementi indiretti

Ecco
- il signore
- la signora
- i signori
- le signore

al cui cane = al cane

- del quale
- della quale
- dei quali
- delle quali

è andato il premio

Ecco
- il signore
- la signora
- i signori
- le signore

nella cui casa = nella casa

- del quale
- della quale
- dei quali
- delle quali

abbiamo vissuto

Ecco
- il signore
- la signora
- i signori
- le signore

con i cui figli = con i figli

- del quale
- della quale
- dei quali
- delle quali

siamo andati a scuola

Osservazioni su « CUI » e « IL QUALE »

Ordine:

IL CUI (del cui, ecc.) precede il nome dell'oggetto posseduto:

$$\frac{\text{il cui}}{1} \frac{\text{libro}}{2}$$

IL QUALE (del quale, ecc.) segue il nome dell'oggetto posseduto:

$$\frac{\text{il libro}}{1} \frac{\text{del quale}}{2}$$

Accordo:

Con « CUI » l'articolo s'accorda nel genere e nel numero con l'oggetto posseduto:

il ragazzo, **il** cui lib**ro**, **la** cui pen**na**;
la ragazza, **i** cui libr**i**, **le** cui penn**e**.

Con « IL QUALE » l'articolo s'accorda nel genere e nel numero con il possessore:

il ragazzo, la penna **del** quale;
la ragazza, il libro **della** quale.

Schema riassuntivo dei pronomi relativi

   I. C H E

1) Soggetto e Oggetto   Il ragazzo CHE legge
2) Invariabile   La ragazza CHE vedo
3) Senza l'articolo   I ragazzi CHE leggono (vedo)
4) Senza preposizione

   Nota: IL CHE = la qual cosa (e questo).

   Esempio: Parli troppo, il che (la qual cosa) disturba tutti.
                                       (e questo)

   II. C U I

1) Compl. indiretti   La ragazza SU CUI conto
2) Invariabile   Il ragazzo DI CUI parlo
3) Senza l'articolo   I ragazzi A CUI mi rivolgo
4) Con preposizione

Nota:
   IL CUI specifica il possesso.

Esempio:

Questo è lo scrittore   { il cui libro ha vinto il premio
                             { del cui libro abbiamo discusso

   III. IL QUALE

    A. Sostituisce CHE (Soggetto e Oggetto):

       Il ragazzo IL QUALE (che) legge
       La ragazza LA QUALE (che) legge
       I ragazzi I QUALI (che) vedo

    B. Sostituisce CUI (Complementi)

       IL ragazzo DEL QUALE (di cui) parlo
       LA ragazza SULLA QUALE (su cui) conto
       I ragazzi AI QUALI (a cui) mi rivolgo

IV. C H I

1) Non accompagna il nome, lo sostituisce.
2) È solo singolare.

Esempio:

Gli studenti CHE danno l'esame vengano domani.
CHI dà l'esame venga domani.
(CHI = gli studenti, le persone, CHE).

31. PRONOMI E AGGETTIVI INTERROGATIVI

Si usano nelle domande dirette e indirette.

Chi

Si usa soltanto per persone o animali ed è **solo pronome**. Significa « quale persona? », « che persona? », « quale animale? ».

Esempio:

Chi ti ha detto questo?
Vorrei sapere **chi** ti ha detto questo.
Da **chi** ti è stato riferito?
Chi è costui?
Con **chi** sei stato?
Chi ha mangiato la carne, il cane o il gatto?

Che

È usato come **aggettivo** e come **pronome**. Come pronome si usa solo per cose. Significa « che cosa ».

Esempio:

Che tipo è?
Che hai oggi?   **Che** hai fatto?
Mi chiedo **che** stiano facendo quei due là.
Che cosa hai detto? (**Che** hai detto?)
Che cosa ti serve? (**Che** ti serve?)

Nota:

Nel linguaggio familiare al posto di « che » o di « che cosa » si usa anche « cosa? ».

Esempio:

Cosa intendi fare?   (che cosa intendi fare? Che intendi fare?)
Cos'hai?   (che cosa hai? Che hai?)

Quale

Si usa come **aggettivo** e come **pronome**, per persone e cose. « Quale » si può troncare, ma non si apostrofa mai (**qual** è il tuo indirizzo?).

Esempio:

Quale libro stai leggendo? Le ho domandato **quale** disco avesse scelto.

C'è una differenza di significato fra gli aggettivi interrogativi « quale » e « che »:

a) **quale** si riferisce all'oggetto o alla persona prescelti fra un gruppo di oggetti o persone già noti.

Esempio:

Quale libro scegli?
(significa: dei libri che sono qui, quale è quello che tu scegli?);

b) **che** si riferisce alla qualità di una persona o di un oggetto non noti.

Esempio:

Che libro scegli?
(significa: dei vari **generi** di libri, che tipo, che genere scegli?).

Quale (pronome)

Esempio:

Delle persone che ti ho presentato, **quale** ti piace di più?
Dei libri che hai letto, **quali** sono quelli che ti hanno colpito di più?

Quanto

Si usa come **aggettivo** e come **pronome**. Si riferisce alla quantità.

Esempio:

Quanta benzina abbiamo ancora?
Quanto manca ancora fino a Firenze?
Quanti eravate?
Vorrei sapere **quanti** parteciperanno alla gita.

« Quanto » può essere anche **esclamativo**.

Esempio:

Quanto dolore!
Quanta pena!

---

32. SCHEMA GENERALE DEI TEMPI DEL VERBO ITALIANO

I rapporti di tempo si esprimono in italiano mediante un complesso sistema di dipendenze facenti capo al tempo presente: punto di partenza.

Per molte lingue i rapporti di tempo seguono uno schema semplicissimo: un tempo presente, un solo tempo futuro ed un solo tempo passato.

Il presente ⇄ il futuro / il passato

Per l'italiano tale rapporto è retto da una concordanza molto rigorosa. Ecco un esempio del solo **modo indicativo**:

Il presente (so)
- il futuro
  - semplice (saprò)
  - anteriore (avrò saputo)
- il passato
  - perfetto
    - pass. pross. (ho saputo)
    - pass. remoto (seppi)
  - imperfetto (sapevo)
  - trapassato
    - prossimo (avevo saputo)
    - remoto (ebbi saputo)

33. LA CONCORDANZA DEI TEMPI DEL MODO INDICATIVO

La concordanza dei tempi riguarda i rapporti fra i tempi del predicato principale e i tempi dei predicati delle proposizioni dipendenti e subordinate (1).

Tali rapporti fra i tempi possono essere:

1) di **contemporaneità**: cioè due azioni si possono svolgere nello stesso tempo, contemporaneamente.

Esempi:

So (ora) che tu **lavori** (ora) in questo campo.
Sapevo (allora) che tu **lavoravi** (allora) in questo campo.

2) di **anteriorità**: cioè l'azione della dipendente si è svolta prima di quella principale, è anteriore a questa, è passata già.

Esempi:

So (ora) che tu **hai lavorato** (prima di ora) in questo campo.
Sapevo (allora) che tu **avevi lavorato** (prima di allora) in questo campo. Quando **avrò finito**, ti telefonerò.

3) di **posteriorità**: cioè l'azione della dipendente si svolge dopo quella principale al futuro o al passato.

Esempi:

So (ora) che tu **lavorerai** (dopo) in questo campo.
Sapevo (allora) che tu **avresti lavorato** (dopo) in questo campo.

Ad ogni tempo principale corrispondono diversi tempi del predicato dipendente.

Esempio:

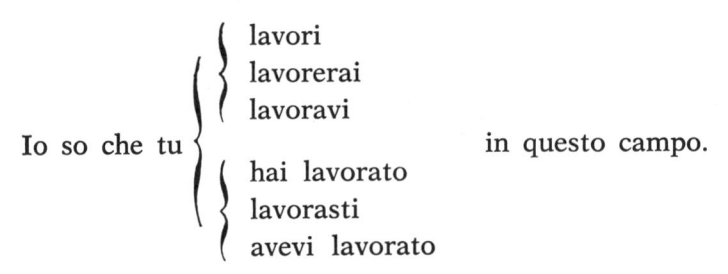

Io so che tu { lavori / lavorerai / lavoravi / hai lavorato / lavorasti / avevi lavorato } in questo campo.

Questi tempi del predicato subordinato sono in relazione al tempo presente del predicato principale (**so**). Quando quest'ultimo non è più al presente, ma al passato, cambiano di conseguenza anche i tempi del predicato subordinato:

Esempio:

Sapevo che tu { avresti lavorato / lavoravi / avevi lavorato } in questo campo.

---

(1) V. III parte, « Consecutivo Tempo rum et Modorum ».

Secondo il tempo del predicato principale, ci sono quindi tre tipi di concordanza:

1) Concordanza dei tempi **al presente**.
2) Concordanza dei tempi **al futuro**.
3) Concordanza dei tempi **al passato**.

Useremo questa schema convenzionale:

PREDICATO PRINCIPALE → < → POSTERIORITA'
→ CONTEMPORANEITA'
→ ANTERIORITA'   PREDICATO DIPENDENTE

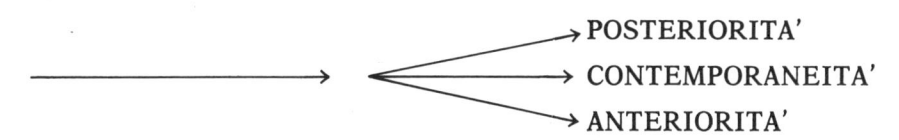

1) Predicato principale al PRESENTE

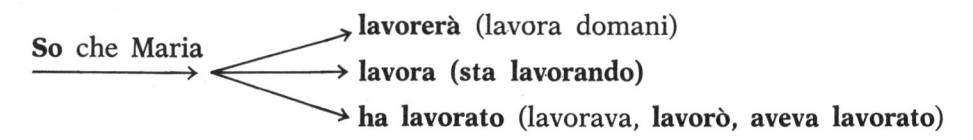

So che Maria → < → lavorerà (lavora domani)
→ lavora (sta lavorando)
→ **ha lavorato** (lavorava, **lavorò, aveva lavorato**)

Per esprimere un'azione **contemporanea** a quella del predicato principale al presente (so) si usa il presente (lavora) o la perifrasi (sta lavorando).

Per esprimere un'azione **anteriore** a quella del predicato principale al presente (so) si usa il passato prossimo (ha lavorato) e, quando il contesto lo permette, anche il passato remoto (lavorò), o il trapassato prossimo (aveva lavorato).

Per esprimere un'azione **posteriore** a quella del predicato principale al presente (so) si usa il futuro semplice (lavorerà) e, talvolta, anche il presente (lavora) (So che domani viene = verrà).

2. Predicato principale al FUTURO

Esempio:

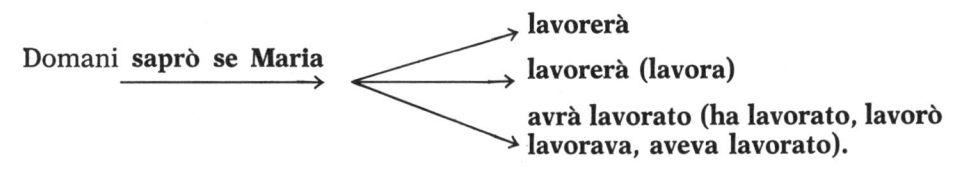

Domani **saprò se Maria** → < → lavorerà
→ lavorerà (lavora)
→ avrà lavorato (ha lavorato, lavorò lavorava, aveva lavorato).

Per esprimere un'azione **contemporanea** a quella del predicato principale al futuro (saprò) si usa il futuro (lavorerà) o il presente (lavora).

Per esprimere un'azione **anteriore** a quella del predicato principale al futuro (saprò) si usa il futuro anteriore (avrà lavorato) o il passato prossimo (ha lavorato) e, secondo i casi, anche altri passati, come il passato remoto (lavorò) o il trapassato prossimo (aveva lavorato).

Per esprimere un'azione **posteriore** rispetto a quella del predicato principale al futuro (saprò) si usa il futuro semplice (lavorerà).

3. Predicato principale al PASSATO

Esempio:

Sapevo (ho saputo) che Maria → avrebbe lavorato (lavorava)
(seppi, avevo saputo) ↔ lavorava (stava lavorando)
→ aveva lavorato (lavorò, ha lavorato)

Per esprimere un'azione **contemporanea** a quella del predicato principale al passato (sapevo, seppi, ho saputo, avevo saputo) si usa l'imperfetto (lavorava) o la perifrasi (stava lavorando).

Per esprimere un'azione **anteriore** a quella del predicato principale al passato si usa il trapassato prossimo (aveva lavorato), il passato remoto (lavorò) o il passato prossimo (ha lavorato).

Per esprimere un'azione **posteriore** rispetto a quella del predicato principale al passato (sapevo, seppi, ecc.) si usa il condizionale composto (avrebbe lavorato) e, specialmente nella lingua della conversazione, l'imperfetto (lavorava).

---

34. IL MODO DEL VERBO

Modi finiti e modi infiniti - fome esplicite ed implicite

IL MODO

Esprime, specifica la principale caratteristica di un'azione: la sua maniera di essere, cioè com'è l'azione, come si manifesta.

Un'azione, indipendentemente dal tempo in cui si svolge, può avere diverse maniere, diversi modi di essere.

Per esempio:

— **entra** (lui, lei):

qui l'azione è presentata come reale, in atto, compiuta da una terza persona singolare (lui, lei). Questo modo di essere dell'azione è il modo INDICATIVO.

— **entra!** (tu):

anche se scritto nell'identica maniera, questa forma indica un modo completamente diveso da quello precedente. L'azione non è in atto, ma deve essere svolta dalla seconda persona singolare (tu). L'azione non viene indicata, ma comandata. Questo è il modo **IMPERATIVO**.

— **entri** (lui, lei):

questa forma, oltre ad esprimere il modo indicativo (tu entri), indica anche le prime tre persone del modo congiuntivo (è bene che io, (tu, lui) entri »). In questo caso l'azione presenta una diversa caratteristica modale. L'azione è vista come incerta, legata, « congiunta » all'azione espressa da un predicato principale. Questo modo di essere dell'azione si chiama perciò modo CONGIUNTIVO.

— **entrerei** (io)

questa forma indica un'azione non in atto, però possibile, realizzabile, anche se a volte legata e sottomessa a qualche condizione. È il modo CONDIZIONALE.

— **lavorare, lavorato, lavorante, lavorando**

queste forme danno un'idea molto vaga dell'azione. Non sono infatti definiti né la persona che compie l'azione, né il numero (singolare o plurale), né il tempo in cui si svolge l'azione. Sono nell'ordine: il modo INFINITO, il modo PARTICIPIO, il modo GERUNDIO.

Modi finiti e modi infiniti

Il modo **indicativo**, il modo **congiuntivo**, il modo **condizionale** e il modo **imperativo** sono chiamati modi **FINITI** perché la forma verbale definisce in maniera determinata il numero, il genere della persona che fa l'azione e il tempo in cui l'azione si svolge.

Esempio:

È rimasta a casa.

Dalla sola forma del verbo si deducono:
1) il genere: il soggetto è una donna;
2) la persona: terza persona (lei);
3) il numero: il singolare;
4) il tempo: passato prossimo.

Il modo **infinito**, il modo **participio** e il modo **gerundio** sono chiamati modi **INFINITI,** perché non definiscono l'azione dal punto di vista della persona, del numero, del genere e del tempo.

Esempio:

Restare a casa
Restato a casa
Restando a casa

Rimangono gli interrogativi: chi resta a casa? Quante persone restano a casa? Sono uomini o donne (ciò per l'infinito e per il gerundio)? Quando restano a casa?

Proposizioni esplicite ed implicite

Quando il predicato di una proposizione è a un modo finito la proposizione è **esplicita,** il suo significato e contenuto sono chiaramente espressi.

Esempio:

1) Ci auguriamo che voi **abbandoniate** questi progetti.

Il predicato « abbandoniate » è al modo congiuntivo ed il significato della frase è perfettamente definito dal punto di vista della persona (voi), del tempo (presente) e del numero (plurale).

2) Dopo che **se ne fu andata** lei, partirono anche gli altri.

Il predicato « se ne fu andata » precisa l'azione dal punto di vista della persona (lei), del genere, del numero e del tempo.

3) Mentre **ascoltava** quel discorso, capì tutto (lo stesso anche qui).

In questo tipo di frasi il significato è espresso ESPLICITAMENTE.
Quando invece il predicato di una proposizione sta al modo infinito o al participio o al gerundio, il senso della frase può essere inteso tutto soltanto grazie al contesto. Il significato resta implicito, cioè nascosto, e deve essere scoperto.

Esempio:

Noi vi preghiamo di **abbandonare** questi progetti.

« Abbandonare » non precisa l'azione da nessun punto di vista e noi possiamo capire che si riferisce ad una data persona e ad un dato tempo solo leggendo tutta la frase.

Lo stesso:

Andatasene lei, partirono anche gli altri.
Ascoltando quel discorso, capì tutto.

In questo tipo di frasi il significato è IMPLICITO.

---

35. IL CONDIZIONALE

Le forme del condizionale sono due:

a) **condizionale semplice** (o « presente ») : scriverei, partirei;
b) **condizionale composto** (o « passato »): avrei scritto, sarei partito.

Condizionale semplice:

	I. **GUARDARE**	II. **CREDERE**	III. **SENTIRE**
io	guard**erei**	cred**erei**	sent**irei**
tu	guard**eresti**	cred**eresti**	sent**iresti**
egli	guard**erebbe**	cred**erebbe**	sent**irebbe**
noi	guard**eremmo**	cred**eremmo**	sent**iremmo**
voi	guard**ereste**	cred**ereste**	sent**ireste**
essi	guard**erebbero**	cred**erebbero**	sent**irebbero**

AVERE	ESSERE
io avrei	sarei
tu avresti	saresti
egli avrebbe	sarebbe
noi avremmo	saremmo
voi avreste	sareste
essi avrebbero	sarebbero

Condizionale composto:

GUARDARE		PARTIRE	
io avrei		sarei	
tu avresti		saresti	partito, a
egli avrebbe	guardato	sarebbe	
noi avremmo		saremmo	
voi avreste		sareste	partiti, e
essi avrebbero		sarebbero	

Il condizionale è regolare quando è regolare il futuro, ed è irregolare quando quest'ultimo è irregolare (1).

— prendere: prenderò (futuro)   prenderei (condizionale)
— vedere: vedrò (futuro)   vedrei (condizionale)

I termini: « condizionale », « presente » e « passato » danno spesso luogo ad equivoci.

« CONDIZIONALE »

Questo termine deriva dalla parola « condizione ». Va però osservato che in italiano il condizionale non esprime **mai** la condizione, bensì la conseguenza di questa. **Non si dice,** quindi: « Se io andrei!!! », « Se io potrei lo farei!!! ».

La condizione retta dalla congiunzione condizionale « se » si esprime, invece:

a) con il presente indicativo : Se **posso,** lo faccio.
b) con il futuro indicativo : Se **potrò,** lo farò.
c) con l'imperfetto congiuntivo : Se **potessi,** lo farei.
d) con il trapassato congiuntivo : Se **avessi potuto,** lo avrei fatto.
e) con l'imperfetto indicativo : Se **potevo,** lo facevo.

Il condizionale esprime la **conseguenza** di una condizione, di una ipotesi, e MAI la condizione stessa.

Esempi:
Se avessi più soldi, **mi comprerei** una casa.
Se avessi studiato di più, **saresti stato promosso.**
   (condizione)   (conseguenza)

---

(1) V. qui cap. 17 « Il futuro semplice e anteriore ».

« PRESENTE »

Questa forma, non esprime un'azione presente (cioè in atto), ma soltanto un'azione desiderata, voluta e realizzabile al futuro:

Esempio:

Oggi **andrei** a Roma: non significa: vado, sto andando, ma vuol dire invece: mi piacerebbe, vorrei andarci.

Dunque: Il condizionale **semplice** non esprime la realizzazione di una azione, ma **la possibilità di realizzarla**. L'azione, **a partire dal momento presente, è POSSIBILE.**

« PASSATO »

Questa forma non esprime solo un'azione che non si è realizzata nel passato, ma anche un'azione non realizzabile al futuro.

Esempi:

Ieri sarei andato volentieri a Roma, ma son dovuto restare a casa.
(Ieri volevo, avevo piacere di andare a Roma, ma non ho potuto).
Oggi sarei andato volentieri a Roma, ma devo restare a casa.
(Oggi voglio, ho piacere di andare a Roma, ma non posso andarci).
Domani sarei andato volentieri a Roma, ma dovrò restare a casa.
(Volevo andare a Roma, ma non potrò andarci).

Quindi, riassumendo:

— Il condizionale SEMPLICE esprime un'**azione realizzabile dal momento presente in poi.**

— Il condizionale COMPOSTO esprime un'**azione non realizzata nel passato,** e **non realizzabile dal momento presente in poi.**

Esempi:

Ieri sarei andato a Roma, ma non ho potuto (l'azione non si è realizzata).
Oggi sarei andato a Roma, ma non posso (l'azione non si può realizzare).
Domani sarei andato a Roma, ma non potrò (l'azione non si potrà realizzare).

Però: Oggi ⎱ **andrei** a Roma.
    Domani ⎰

(l'azione è realizzabile: non è certo che ci andrò, ma l'essenziale è che POSSO andarci).

Uso del condizionale

1) Il condizionale esprime:

La conseguenza di un'ipotesi (V. Periodo Ipotetico).

Esempio: Se potessi, lo **farei.**
           Se avessi potuto, **l'avrei fatto.**

2) **Un'azione posteriore ad un'altra passata** (futuro nel passato: solo condizionale composto).

Esempio:

Mi disse che **sarebbe venuto**.

3) **Un dubbio.**

Esempio:

Non so se (1) il professore **accetterebbe** il tuo invito.

Un'ipotesi.

Esempio:

Secondo la stampa, nel G. **avrebbe avuto luogo** un colpo di stato (forse ha avuto luogo).

4) **Un desiderio** (reso più cortese).

Esempio:

Vorrei anch'io venire con voi (= volevo ...).

Nota bene:

Voglio anch'io venire con voi: è più un ordine che un desiderio.

5) **Un'opinione personale.**

Esempio:

Secondo me, **si potrebbe** anche fare così (si può, credo che si possa).

6) **Un invito, un'esortazione.**

Esempio:

Tu, ragazzo mio, **dovresti** riposarti di più (devi riposarti, riposati!). **Dovresti** far sentire la tua voce (devi).

---

36. IL MODO CONGIUNTIVO

Il modo congiuntivo ha quattro tempi: il **presente**, il **passato**, l'**imperfetto** ed il **trapassato**. Il passato ed il trapassato si formano rispettivamente con il presente e con l'imperfetto del verbo ausiliario ed il participio passato del verbo da coniugare (abbia parlato, sia partito; avessi parlato, fossi partito).

L'uso dei tempi del congiuntivo segue le stesse norme che regolano la concordanza dei tempi dell'indicativo. In mancanza di un futuro del congiuntivo, si usa il presente. Ai due trapassati dell'indicativo (il tra-

---

(1) La congiunzione « se » qui non è condizionale, ma dubitativa e quindi può essere seguita dal modo condizionale.

passato prossimo ed il trapassato remoto) nel congiuntivo fa riscontro un unico trapassato.

FORME: Tutte le irregolarità riscontrate nel presente indicativo (1) si trovano anche nel congiuntivo presente. L'imperfetto presenta le stesse irregolarità dell'imperfetto indicativo (2).

PRESENTE

	I. PARLARE	II. SCRIVERE	III. PARTIRE	FINIRE
io	parli	scriva	parta	finisca
tu	parli	scriva	parta	finisca
egli	parli	scriva	parta	finisca
noi	parliamo	scriviamo	partiamo	finiamo
voi	parliate	scriviate	partiate	finiate
loro	parlino	scrivano	partano	finiscano

PASSATO

io	abbia	parlato	abbia	scritto	sia	partito, a	abbia	finito
tu	abbia	»	abbia	»	sia	»	abbia	»
egli	abbia	»	abbia	»	sia	»	abbia	»
noi	abbiamo	»	abbiamo	»	siamo	partiti, e	abbiamo	»
voi	abbiate	»	abbiate	»	siate	»	abbiate	»
loro	abbiano	»	abbiano	»	siano	»	abbiano	»

IMPERFETTO

io	parlassi	scrivessi	finissi	partissi
tu	parlassi	scrivessi	finissi	partissi
egli	parlasse	scrivesse	finisse	partisse
noi	parlassimo	scrivessimo	finissimo	partissimo
voi	parlaste	scriveste	finiste	partiste
loro	parlassero	scrivessero	finissero	partissero

TRAPASSATO

io	avessi	parlato	avessi	scritto	fossi	partito, a	avessi	finito
tu	avessi	»	avessi	»	fossi	»	avessi	»
egli	avesse	»	avesse	»	fosse	»	avesse	»
noi	avessimo	»	avessimo	»	fossimo	partiti, e	avessimo	»
voi	aveste	»	aveste	»	foste	»	aveste	»
loro	avessero	»	avessero	»	fossero	»	avessero	»

---

(1) V. qui cap. 9. « Particolarità delle coniugazioni al presente indicativo ».
(2) V. qui cap. 21. « L'imperfetto indicativo ».

Il modo congiuntivo

È un modo di essere dell'azione. A differenza del **modo** indicativo che esprime un'azione **reale** ed **oggettiva**, il **modo** congiuntivo esprime un'azione sentita come **incerta**, un giudizio **personale, soggettivo**.

In molti casi la scelta del modo (indicativo o congiuntivo) dipende dalla sensibilità e dalle intenzioni di chi parla. Chi per presentare una sua tesi, opinione, convinzione usa il congiuntivo non pretende di imporla come verità assoluta a chi ascolta.

Dicendo: « Credo che la repubblica **sia** l'unica forma di governo adatta per il nostro paese », colui che parla esprime la sua convinzione, la certezza che le cose siano come egli dice, ma lo fa in un clima di discussione aperta, che lascia spazio a una tesi diversa. L'indicativo («**è**») lascerebbe meno spazio a differenti opinioni, ad una eventuale replica da parte di chi ascolta.

E così ancora:

1) « Si dice che nella città **manca** ancora l'acqua ».
(Con l'indicativo conferiamo alla proposizione soggettiva il valore di notizia che noi abbiamo accettato e diamo per certa).

2) « Si dice che nella città **manchi** ancora l'acqua ».
(Con il congiuntivo noi ci limitiamo a riferire una notizia sulla cui veridicità abbiamo dei dubbi).

Nella lingua della conversazione comune, oggi si tende a preferire l'indicativo al congiuntivo.

Il modo congiuntivo nelle diverse proposizioni

Il modo congiuntivo viene usato per lo più nelle proposizioni dipendenti.

Il congiuntivo in proposizioni indipendenti

1) Congiuntivo **esortativo** (imperativo).

Si usa il **presente del congiuntivo**. Si usa anche per esclamazioni (benedizioni, maledizioni).

Esempi:

Amiamo la patria! Che **sia** maledetto!
Viva l'Inter! Dio v'**assista**!
Abbia pazienza! Che il diavolo se lo **porti** via!

2) Congiuntivo **concessivo**.

Si usa il **presente** del congiuntivo.

Esempi:

Venga pure! **Entri** pure!

3) Congiuntivo **dubitativo**.

Si usa per lo più il **presente** o il **passato** del congiuntivo.

Esempi:

Perchè non è venuto? Che **sia** malato?
Perchè non è venuto? Che **abbia perduto** il treno?

4) Congiuntivo **ottativo**.

Si usa l'**imperfetto** o il **trapassato** del congiuntivo. Esprime un augurio, un desiderio inappagato o inappagabile.

Esempi:

Magari **facesse** bel tempo domani!
Non l'**avessi** mai **detto**!
Almeno **dicesse** la verità!
Avessero aspettato ancora un po'!

Il congiuntivo in proposizioni dipendenti

Il congiuntivo in proposizioni dipendenti (subordinate) s'usa quando il soggetto della proposizione dipendente è diverso da quello della proposizione principale: **Io** temo che **tu** faccia tardi. (Soggetti diversi). Con soggetti uguali s'usa l'infinito preceduto dalla preposizione « di »: **Io** temo di far tardi. (Soggetti uguali: io-io).

Si usa nei seguenti casi:

Quando il predicato principale esprime:

1) **un'opinione**: In questo caso ricorre molto spesso anche il modo indicativo.

Penso che **siano (sono)** già pronti.

2) una **supposizione**:

Supponevo che egli **fosse** malato.

3) un'**incertezza**:

Non so se **sia** arrivato.
Non sono certo che lui **sia** in grado di fare tutto da solo.

4) La **volontà** o un **ordine**:

Voglio che tu **te ne vada** subito.
Il comandante **ordinò** che tutti **uscissero** dal villaggio.

5) un **augurio**:

Mi auguro che tutto **vada** per il meglio.

6) una **speranza**:

Speravo tanto che tu **venissi** per le vacanze.

7) un'**attesa**:

Perchè hai fatto tardi? **Ho aspettato** che **smettesse** di piovere.
Aspetto che mi **vengano** a prendere.

8) un **timore:**

Temo che egli **abbia capito** male.
Ho paura che **sia** troppo tardi.

9) un **dubbio:**

Dubitava che tu lo **avessi capito.**
C'era il dubbio che **scioperassero** proprio quel giorno.

10) una **necessità:**

È necessario che voi **rifacciate** tutto da capo.
Occorre che tu gliene **parli.**

11) una **probabilità o improbabilità:**

È probabile che **venga rieletto** lo stesso presidente.
Era poco probabile che tu lo **trovassi** a casa a quell'ora.

12) una **possibilità o impossibilità:**

È possibile che ci **abbia già cercati.**
Non è possibile che se ne **siano** dimenticati.

Il CONGIUNTIVO si usa ancora:

1) in molte **espressioni che indicano uno stato d'animo:**

Sono contento che tu mi **abbia capito.**
Si rallegrava che lo **festeggiassero.**
Gli dispiacque che **aveste rifiutato** il suo invito.

Nota: Anche in questo caso talvolta si preferisce l'indicativo.

2) **Dopo un predicato principale al condizionale** (si preferisce l'imperfetto o il trapassato del congiuntivo):

Vorrei che tu **fossi** al mio posto.
Desidererei che tu **venissi** via con me.
Avrei voluto che tu mi **capissi** meglio.
Vorrei che tu **avessi bevuto** di meno.
Mah! **Direi** che **sia** meglio così.

3) dopo il **grado superlativo relativo** (insieme all'indicativo):

È il libro più noioso che **abbia letto** (ho letto).

4) **dopo alcune locuzioni impersonali formate con « che »:**

È facile che egli non ti **creda.**
Che peccato che tu **sia arrivato** in ritardo!
È giusto che la **pensino** così
È bene che siano partiti anche loro.

5) **dopo alcuni aggettivi e pronomi indefiniti:**

Qualunque cosa dica, non credetegli.
Qualsiasi cosa cominci, non riesce mai a finirla.
Chiunque venga, non rispondere.
Ovunque Lei **vada,** troverà la stessa accoglienza.

6) **nelle proposizioni relative** dipendenti da un predicato che esprime volontà, scelte, preferenze, ecc., insieme con l'indicativo (con significato diverso):

Voglio prendere un treno **che arrivi** a Roma alle 15,30 di domani.
(In questo caso la persona che parla non sa ancora se ci sia un tale treno).
Voglio prendere il treno **che arriva** a Roma alle 15,30 di domani.
(In questo caso la persona che parla sa che c'è un tale treno).
Però:
Preferisco una segretaria **che sappia** l'inglese.
Voglio da te una spiegazione **che** mi **lasci** soddisfatto.
(Qui tutto viene inteso come un'esigenza e quindi s'userà soltanto il congiuntivo).

7) **nelle proposizioni concessive** (dopo le coniugazioni del tipo: benchè, malgrado, quantunque, sebbene, per quanto, checchè):

Benché piova, usciremo.
Uscirono **benché piovesse.**
Il fiume non era ingrossato, **sebbene fosse piovuto** a dirotto.
Checché tu ne **dica,** lo farò lo stesso.

8) **nelle proposizioni finali,** dopo le congiunzioni « affinchè », « perchè ».

Il professore ripete spesso, **affinchè** gli studenti **capiscano** meglio.

9) **nelle proposizioni temporali:**

Ti farò avere notizie **prima che** tu **parta.**
(Con « prima che » sempre il congiuntivo).
Ti farò avere notizie **dopo che sarai partito.**
(Con « dopo che » sempre l'indicativo).

10) **nelle proposizioni interrogative indirette:**

   a) interrogativa **diretta:**
     Mi incontrò e mi chiese: « Come stai? »
     Mi incontrò e mi chiese: « Perchè non ti sei fatto più vedere? »
   b) interrogativa **indiretta:**
     Mi incontrò e **mi chiese** come **stessi.**
     Mi incontrò e **mi chiese** perchè non **mi fossi fatto** più vedere.

Nota: Anche in questo caso si tende talvolta a sostituire il congiuntivo con l'indicativo:

Mi incontrò e mi chiese come **stavo** (invece di « come stessi »).
Mi incontrò e mi chiese perchè non **mi ero fatto** più vedere, (invece di « non mi fossi fatto più vedere »).

11) **nelle proposizioni modali,** dopo: « come se », « comunque », « in qualsiasi modo ». Con « come se » s'usa solo l'imperfetto o il trapassato.

Fate **come se foste** a casa vostra.
In **qualsiasi modo** lo **facciate,** va sempre bene.
Comunque vadano le cose, puoi considerarti sempre fortunato.
Lo racconta **come se l'avesse visto** con i propri occhi.

12) **nelle proposizioni comparative di maggioranza** con: « più... di quanto », « più... di quello che », « meglio... di quanto », ecc.

Il film è stato **più** interessante **di quanto** mi **aspettassi.**
La festa è riuscita **meglio di quanto avessimo previsto.**
                                   (avevamo previsto)

13) **nelle proposizioni condizionali** introdotte da: « a patto che », « a condizione che », « nel caso che », « qualora » si possono usare tutti i tempi del congiuntivo. Con « purchè » si preferisce il presente o l'imperfetto:

Verrò, **a patto che** ci **venga** anche lui.
Qualora si **dovessero** verificare incidenti, interrompete la manifestazione.
Vi scriverò, ma a **condizione che** mi **scriviate** anche voi.
Nel caso che io **ritardassi,** non preoccuparti.
Ti dirò tutto, **purché** tu non lo **racconti** agli altri.

Nota: Per quanto riguarda l'uso dei modi nelle proposizioni condizionali introdotte da « se », si rimanda al capitolo 45, « Periodo ipotetico ».

14) **Nelle proposizioni consecutive,** dopo gli avverbi « così », « tanto », « talmente » e gli aggettivi « tale », « tanto », « così grande ». La conseguenza è spesso cosa evidente e sicura e in tal caso si preferisce l'indicativo:

Faceva **così** freddo che **dovemmo** rientrare quasi subito.
Sono **tanto** stanco che non **posso** più fare niente.
Si è fatto **talmente** tardi, che **preferisco** andarmene.
Faceva un caldo **tale** che nessuno **usciva** per la strada.
Tanta era la stanchezza che **andammo** subito a letto.
Così grande era la fame che **mangiarono** tutto.

Nelle consecutive con « è troppo... perché... » si usa il congiuntivo.

È **troppo** impressionabile, **perché** gli si **possa** parlare apertamente.
È **troppo** impreparato, **perché possa** superare l'esame.

15) **Quando si inverte l'ordine delle proposizioni:**

Ordine normale:
È sicuro che egli **è arrivato** a Perugia.
(È sicuro — **indicativo**).
Non è sicuro che egli **sia arrivato** a Perugia.
(Non è sicuro — **congiuntivo**).

Ordine inverso:

Che egli **sia arrivato** a Perugia **non è sicuro.**
Che egli **sia arrivato** a Perugia **è sicuro.**
(È sicuro, non è sicuro: **sempre il congiuntivo** nell'inversione).

---

37. LA CONCORDANZA DEI TEMPI DEL MODO CONGIUNTIVO (1)

1. **Predicato principale al PRESENTE**

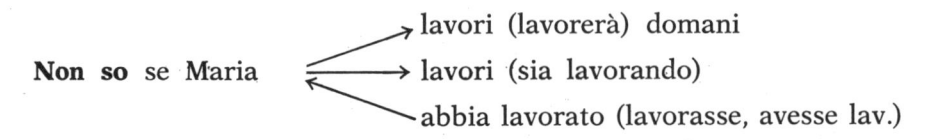

Non so se Maria → lavori (lavorerà) domani
→ lavori (sia lavorando)
→ abbia lavorato (lavorasse, avesse lav.)

Per esprimere un'azione **contemporanea** a quella del predicato principale al presente (non so) si usa il presente del congiuntivo (lavori) o la perifrasi (stia lavorando).

Per esprimere un'azione **anteriore** a quella del predicato principale al presente (non so) si usa il passato del congiuntivo (abbia lavorato) e talvolta anche l'imperfetto (lavorasse) o il trapassato (avesse lavorato).

Per esprimere un'azione **posteriore** a quella del predicato principale al presente (non so) si usa il presente del congiuntivo (lavori) o il futuro semplice (lavorerà).

2. **Predicato principale al FUTURO**

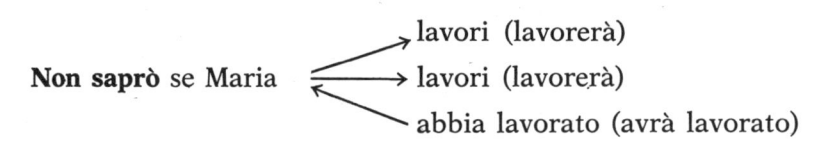

Non saprò se Maria → lavori (lavorerà)
→ lavori (lavorerà)
→ abbia lavorato (avrà lavorato)

Per esprimere un'azione **contemporanea** a quella del predicato principale al futuro (non saprò) si usa il presente del congiuntivo (lavori) o il futuro (lavorerà).

Per esprimere un'azione **anteriore** a quella del predicato principale al futuro (non saprò) si usa il congiuntivo passato (abbia lavorato) o il futuro anteriore (avrà lavorato).

Per esprimere un'azione **posteriore** rispetto a quella del predicato principale al futuro (non saprò) si usa il presente del congiuntivo (lavori) o il futuro semplice (lavorerà).

---

(1) V. « La concordanza dei tempi del modo indicativo ».

3. Predicato principale al PASSATO

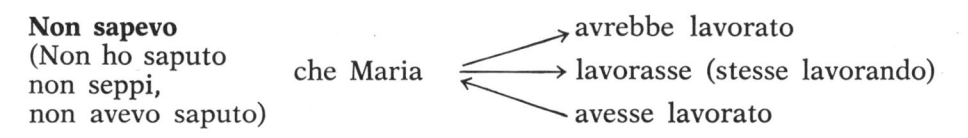

Non sapevo
(Non ho saputo
non seppi,
non avevo saputo) che Maria → avrebbe lavorato
↔ lavorasse (stesse lavorando)
↘ avesse lavorato

Per esprimere un'azione **contemporanea** a quella del predicato principale al passato (non sapevo, ecc.) si usa l'imperfetto del congiuntivo (lavorasse) o la perifrasi (stesse lavorando).

Per esprimere un'azione **anteriore** a quella del predicato principale al passato (non sapevo, ecc.) si usa il trapassato del congiuntivo (avesse lavorato).

Per esprimere un'azione **posteriore** rispetto a quella del predicato principale al passato (non sapevo, ecc.) si usa il condizionale composto (avrebbe lavorato).

---

38. LE FORME IMPLICITE

Forme implicite ed esplicite

Nella frase: « Penso di **vederlo** domani » il verbo **vedere** sta all'infinito. L'infinito, come sappiamo, esprime l'azione in maniera indeterminata. Questa è una frase **implicita**.

   « Penso che lo **vedrò** domani »

Questa è una frase **esplicita**.

Lo stesso nella frase: « **Superati** gli esami, fece una gran festa ».

Il participio « superati » da solo non esprime l'azione in maniera determinata. Questa è una frase **implicita**.

Il participio passato (superato) si accorda con l'oggetto (gli esami):
Esempi:

superat**o** l'esam**e**...
superat**i** gli esam**i**...
vendut**a** la cas**a**...

Lo stesso pensiero si esprime in maniera determinata:
« **Dopo che ebbe superato** gli esami, fece una gran festa ».
Questa è una frase **esplicita**.

E ancora nella frase: « **Camminando** abbiamo parlato del nostro lavoro ».

Il verbo **camminare** al gerundio esprime l'azione in maniera indeterminata. Questa è una frase **implicita**.

Lo stesso pensiero si esprime in modo determinato:
« **Mentre camminavamo,** abbiamo parlato del nostro lavoro ».
Questa è una frase **esplicita.**

Q u i n d i :

Quando il verbo è all'infinito, al participio e al gerundio la frase è **implicita.**

Le frasi in cui il verbo è coniugato nei modi determinati sono **esplicite.**

Nota bene:

Ricordiamo che con l'infinito, con il participio e con il gerundio i pronomi personali atoni si mettono dopo il verbo, al quale si uniscono.

Esempi:

Nel veder**lo**; dopo aver**lo** visto;
vedendo**lo**; avendo**lo** visto; visto**lo**; parlando**gliene,** ecc.

L'INFINITO

Forme dell'infinito

L'infinito ha due forme:

a) **semplice** (o presente):

lavorare　　　　　　　　　vedere　　　　　　　　　partire

b) **composto** (o passato):

aver lavorato　　　　　　　aver visto　　　　　　　essere partito

Uso dell'infinito

L'infinito esprime l'azione in modo **indeterminato.** Quando diciamo « parlare » non è chiaro **chi parla, quanti parlano, quando parlano.**

L'infinito può essere usato come nome, preceduto o no dell'articolo, da uno o più aggettivi.

Esempi:

Correre in macchina non è prudente.
Ha il vizio **del bere.**
Quel **suo continuo** parlare di sé lo ha reso antipatico a molti.

L'infinito può esprimere un ordine, può sostituire cioè l'imperativo.

Esempi:

Volgere al femminile i seguenti nomi (= volgete!).
Non gettare oggetti dal finestrino (= non gettate!).

IL PARTICIPIO

Forme del participio

Il participio ha due forme semplici:

a) **participio presente:**

lavorante   credente   uscente   partente

b) **participio passato:**

lavorato   creduto   uscito   partito

Il **participio presente** si forma dall'infinito del verbo:

-ARE: -ANTE   -ERE: -ENTE   IRE: -ENTE
lavorANTE   credENTE   uscENTE
cantANTE   perdENTE   partENTE

Il **participio passato** si forma dall'infinito del verbo:

-ARE: -ATO   -ERE: -UTO   -IRE: -ITO
lavorATO   credUTO   uscITO
cant**ATO**   perdUTO   partITO

        avERE   ESSERE
        avUTO   STATO

Uso del participio (1)

Il participio esprime l'azione in modo **indeterminato**. Quando diciamo « parlato », non è chiaro **chi parla, quanti parlano** e **quando parlano**. Quando diciamo « parlante », non è chiaro **chi parla** e **quando parla**; sappiamo, invece, che si tratta di una sola persona, uomo o donna. « Parlanti » si riferisce a più persone, uomini o donne.

Il **participio presente** si usa:

a) **come nome**, e può essere accompagnato da uno o più aggettivi.

Esempi:
Il cantante e **la cantante** inglesi sono stati premiati.
La signorina Bartoli è **un'insegnante**.

b) **come aggettivo:**

Esempi:
È stata una discussione **interessante**.
È un fatto molto **importante**.

---

(1) V. III parte. « Modo participio ».

Il **participio passato** si usa:

a) insieme ai verbi ausiliari « avere » ed « essere » **per formare i tempi composti.**

Esempi:

Sono stat**o,a**; saremo andat**i,e**; avevano fatto abbiamo dormito; hai lavorato; avrà finito;

b) **da solo:**

Esempi:

Ricevuta la lettera, è partito subito.
(Dopo che ha ricevuto la lettera...)
Abbandonato da tutti, si ritirò a vita privata.
(Dopo che fu abbandonato da tutti...).

Il participio passato « irregolare » (1)

Molti verbi (soprattutto in -ERE) hanno il participio passato « irregolare », cioè diverso dai modelli in -ATO, -UTO, -ITO. Le desinenze più frequenti sono:

a) **-SO:**

prendere - pre**SO**; spendere - spe**SO**; scendere sce**SO**; accendere - acce**SO**; chiudere - chiu**SO**; ridere - ri**SO**; correre - cor**SO**; apprendere - appre**SO**.

b) **-STO:**

vedere - vi**STO**; rispondere - rispo**STO**; porre - po**STO**; rimanere - rima**STO**; chiedere - chie**STO**; nascondere - nasco**STO**.

IL GERUNDIO

Forme del gerundio

Il gerundio ha due forme:

a) **gerundio semplice**

lavorando   credendo   uscendo   partendo

b) **gerundio composto**

avendo lavorato avendo creduto essendo uscito essendo partito

Il **gerundio semplice** si forma dall'infinito del verbo

-ARE: ANDO;   -ERE: -ENDO;   -IRE: -ENDO;
  lavorANDO   credENDO   uscENDO
  cantANDO   perdENDO   partENDO

          avere   essere
          avENDO   essENDO

---

(1) V. qui cap. 24 « Coniugazione irregolare » pag. 58.

Il **gerundio composto** si forma con il gerundio semplice dei verbi ausiliari (avendo, essendo) ed il participio passato del verbo.

avendo lavor**ato**	**avendo** cred**uto**	**essendo** usc**ito**
avendo cant**ato**	**avendo** perd**uto**	**essendo** part**ito**

Uso del gerundio

Il gerundio esprime l'azione in maniera **indeterminata.** Quando diciamo « parlando », non è chiaro **chi parla, quanti parlano** e **quando parlano.**

Le due forme del gerundio esprimono le condizioni, le circostanze, in cui si svolge l'azione principale.

    a) **causa** (domanda: « perché? »).

Esempio:

    Fu bocciato, **avendo risposto** male all'esame.
    (Fu bocciato, **perché aveva risposto** male all'esame).

    b) **modo** (domanda: « come? »).

Esempio:

    Si riposa **ascoltando** musica.

    c) **condizione.**

Esempio:

    Continuando a bere ti rovinerai la salute.
    (**Se continuerai** a bere, ti rovinerai la salute).

LA CONCORDANZA dei TEMPI e dei MODI

Nel corso delle esercitazioni si tenga presente:
1° La concordanza riguarda separatamente i tempi e i modi. 2° La concordanza dei tempi è di tre tipi, a seconda del tempo del predicato principale che può stare a un tempo presente, futuro o passato. 3° Useremo questo schema convenzionale:

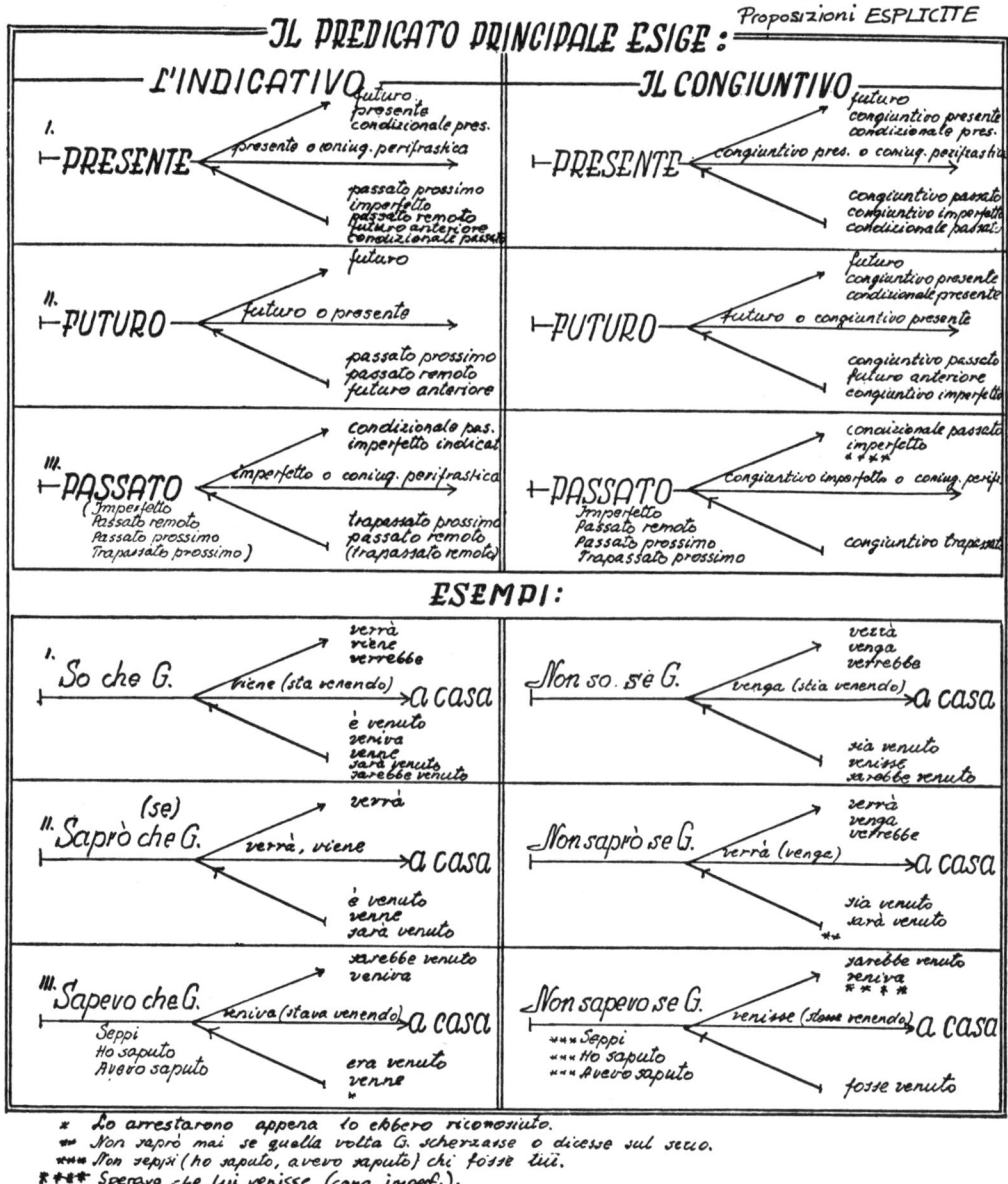

```
azione del predicato      azione del predicato
     PRINCIPALE               SUBORDINATO
        ├──────────────────────────────→  posteriore
        ├──────────────────────────────   contemporanea
        ←──────────────────────────────┤  anteriore
```

IL PREDICATO PRINCIPALE ESIGE:
Proposizioni ESPLICITE

L'INDICATIVO

I. PRESENTE
- → futuro, presente, condizionale pres.
- ← presente o coniug. perifrastica
- ↓ passato prossimo, imperfetto, passato remoto, futuro anteriore, condizionale passato

II. FUTURO
- → futuro
- ← futuro o presente
- ↓ passato prossimo, passato remoto, futuro anteriore

III. PASSATO (Imperfetto, Passato remoto, Passato prossimo, Trapassato prossimo)
- → condizionale pas., imperfetto indicat.
- ← imperfetto o coniug. perifrastica
- ↓ trapassato prossimo, passato remoto (trapassato remoto)

IL CONGIUNTIVO

I. PRESENTE
- → futuro, congiuntivo presente, condizionale pres.
- ← congiuntivo pres. o coniug. perifrastica
- ↓ congiuntivo passato, congiuntivo imperfetto, condizionale passato

II. FUTURO
- → futuro, congiuntivo presente, condizionale presente
- ← futuro o congiuntivo presente
- ↓ congiuntivo passato, futuro anteriore, congiuntivo imperfetto

III. PASSATO (Imperfetto, Passato remoto, Passato prossimo, Trapassato prossimo)
- → condizionale passato, imperfetto
- ← congiuntivo imperfetto o coniug. perif.
- ↓ congiuntivo trapass.

ESEMPI:

I. So che G.
- → verrà, viene, verrebbe
- ← viene (sta venendo) → a casa
- ↓ è venuto, veniva, venne, sarà venuto, sarebbe venuto

Non so se G.
- → verrà, venga, verrebbe
- ← venga (stia venendo) → a casa
- ↓ sia venuto, venisse, sarebbe venuto

II. Saprò che G. (se)
- → verrà
- ← verrà, viene → a casa
- ↓ è venuto, venne, sarà venuto

Non saprò se G.
- → verrà, venga, verrebbe
- ← verrà (venga) → a casa
- ↓ sia venuto**, sarà venuto

III. Sapevo che G. (Seppi, Ho saputo, Avevo saputo)
- → sarebbe venuto, veniva
- ← veniva (stava venendo) → a casa
- ↓ era venuto, venne

Non sapevo se G. (***Seppi, ***Ho saputo, ***Avevo saputo)
- → sarebbe venuto****, veniva
- ← venisse (stava venendo) → a casa
- ↓ fosse venuto

* Lo arrestarono appena lo ebbero riconosciuto.
** Non saprò mai se quella volta G. scherzasse o dicesse sul serio.
*** Non seppi (ho saputo, avevo saputo) chi fosse lui.
**** Speravo che lui venisse (cong. imperf.).

La concordanza dei tempi e dei modi nelle proposizioni implicite

PROPOSIZIONI IMPLICITE
Soggetti uguali

Azione contemporanea	Azione anteriore
GERUNDIO	
Semplice	Composto
VEDENDOLO, capì tutto.	AVENDOLO VISTO, capì tutto.
INFINITO	
Semplice	Composto
NEL VEDERLO, capì tutto.	Dopo AVERLO VISTO, capì tutto.
A VEDERE quello spettacolo, mi vennero i brividi.	
PARTICIPIO	
Presente	Passato
Rarissimo ——————	VISTOLO, capì tutto.

40. I TEMPI E I MODI PER ESPRIMERE L'AZIONE ANTERIORE E L'AZIONE CONTEMPORANEA.

L'AZIONE ANTERIORE

L'azione anteriore al PASSATO

Per esprimere un'azione passata prima di un'altra passata possiamo usare una forma implicita (infinito composto, participio passato e gerundio composto), o una forma esplicita.

Forme implicite:

(infinito composto)

1) **Dopo aver riflettuto** a lungo, decise (ha deciso) di restarci.

(gerundio composto)

2) **Avendo riflettuto** a lungo, decise (ha deciso) di restarci.

(participio passato)

3) **Riflettuto** a lungo, decise (ha deciso) di restarci.

Forme esplicite:

(trapassato prossimo)
    1) **Dopo che aveva riflettuto** a lungo, **decise (ha deciso)** di restarci.

(trapassato remoto)
    2) **Dopo che ebbe riflettuto** a lungo, **decise** di restarci.

L'azione anteriore al FUTURO

Per esprimere un'azione futura prima di un'altra futura possiamo usare una forma implicita (l'infinito composto, il participio passato e il gerundio composto), o una forma esplicita.

Forme implicite:

(infinito composto)
    1) **Dopo aver saputo** qualcosa di preciso, ti scriverò.

(gerundio composto)
    2) **Avendo saputo** qualcosa di preciso, ti scriverò (raro).

(participio passato)
    3) **Saputo** qualcosa di preciso, ti scriverò.

Forme esplicite:

(futuro anteriore)
    1) Quando (dopo che) **avrò saputo** qualcosa di preciso, ti scriverò.

(futuro semplice)
    2) **Appena saprò** qualcosa di preciso, ti scriverò.

AZIONE CONTEMPORANEA al presente, al futuro e al passato.

Per esprimere un'azione che avviene nello stesso momento in cui ne avviene un'altra possiamo usare una forma implicita (l'infinito semplice o il gerundio semplice), o una forma esplicita.

Forme implicite:

(gerundio semplice)
1) **Camminando,** osservo le persone e le cose. (al pres.)
2) **Parlando** con lui ti accorgerai che è una persona colta. (al fut.)
3) **Guardandolo,** avevo l'impressione che non stesse bene. (al pass.)

Forme esplicite:

1) **Mentre cammino,** osservo le persone e le cose.
2) **Quando parlerai** con lui ti accorgerai che è una persona colta.
3) **Mentre lo guardavo** avevo l'impressione che non stesse bene.

Forme implicite:

(infinito semplice)
1) **Nel comprare** un oggetto guardo soprattutto alla qualità (al pres.)
2) **Nell'affrontarlo,** ti accorgerai che il problema è difficile. (al fut.)
3) **A vederlo** in quelle condizioni mi ha fatto una gran pena. (al pass.)

Forme esplicite:

1) **Quando compro** un oggetto guardo soprattutto alla qualità.
2) **Quando l'affronterai,** ti accorgerai che il problema è difficile.
3) **Quando l'ho visto** in quelle condizioni mi ha fatto una gran pena.

---

41. ATTRAZIONE DEI MODI

A volte la concordanza si distacca dal modello più frequente.
Nella frase:

« Voglio che tu mi dica la verità »

c'è una concordanza perfetta: ad un predicato che esprime un'azione presente (voglio) corrisponde il presente del congiuntivo (dica).

Però nella frase:

« Vorrei che tu mi dicessi la verità »

non si osserva una concordanza logica: difatti ad un predicato che esprime un'azione presente (vorrei) corrisponde un predicato ad un tempo passato (dicessi).

Il predicato principale al condizionale **attrae** l'imperfetto o il trapassato del congiuntivo.

Esempi:

Vorrei che **fosse** vero (non: sia).
Vorrei che l'**avessi visto** anche tu (non: l'abbia visto).

Però con il verbo « dire » o « pensare » al condizionale si usa il presente del congiuntivo, perché « direi », « penserei », ecc. sono forme che attenuano la categoricità di una nostra affermazione.

Esempi:

Direi che **sia** meglio così (= **dico** che è meglio così).
Penserei che tutto **vada** bene (= **penso** che tutto vada bene).

42. LA FORMA PASSIVA

Ogni verbo transitivo può avere una forma **attiva** e una **passiva.**

Forma attiva: « Il contadino lavora la terra ».

L'azione compiuta dal soggetto grammaticale (« il contadino ») ricade sul complemento oggetto (« la terra »).

Forma passiva: « La terra è lavorata dal contadino ».

Il soggetto grammaticale (« la terra ») non compie, ma subisce passivamente l'azione del soggetto logico (« il contadino »).

I vari elementi della forma attiva e della forma passiva (soggetto, predicato, complemento) rispondono alle seguenti domande:

Forma attiva:

— Chi lavora?   R. Il contadino (soggetto grammaticale e logico).
— Che fa il contadino?   R. Lavora (predicato attivo).
— Che cosa lavora il contadino?   R. La terra (complemento oggetto-diretto).

Forma passiva:

— Che cosa è lavorato?   R. La terra (soggetto grammaticale).
— Che azione subisce la terra?   R. È lavorata (predicato passivo).
— Da chi è lavorata la terra?   R. Dal contadino (compl. di agente (1) - soggetto logico).

Fra la forma passiva e quella attiva non c'è nessuna differenza di significato. Tutto, invece, **è diverso** nella struttura grammaticale:

    a) Il soggetto **grammaticale** è « la terra », non più « il contadino », il quale resta tuttavia il soggetto logico, perché svolge realmente l'azione.

    b) « Il contadino », il vero esecutore dell'azione, nella forma passiva è **complemento d'agente.** Il complemento d'agente è sempre preceduto dalla preposizione « da ».

    c) Il predicato della forma attiva (« lavora ») nella forma passiva è reso dal participio passato dello stesso verbo preceduto dal verbo « essere » coniugato allo stesso tempo e allo stesso modo del predicato attivo. Il participio passato è accordato con il soggetto grammaticale (« è

---

(1) In questo capitolo abbiamo evitato di parlare del complemento cosiddetto « di causa efficiente » per ragioni puramente didattiche, non essendovi in pratica nessuna differenza sostanziale di significato fra i due complementi. V. nella III parte il paragrafo sul *complemento d'agente.*

lavorata »). Quindi nella forma passiva il tempo ed il modo del predicato attivo corrispondono al tempo e al modo del solo verbo « essere », il quale viene poi fatto seguire dal participio passato del predicato, accordato con il soggetto grammaticale.

Esempi di trasformazione dalla forma attiva alla forma passiva:

	FORMA ATTIVA			FORMA PASSIVA	
Sogg.	Predicato	Compl. ogg.	Sogg.	Predicato	Compl. d'agente
		PRESENTE			
Il	lavora	la terra	La terra è lavorata		dal
c		**FUTURO**			c
o	lavorerà	la terra	La terra sarà lavorata		o
n		**PASSATO PROSSIMO**			n
t	ha lavorato	la terra	La terra è stata lavorata		t
a		**IMPERFETTO**			a
d	lavorava	la terra	La terra era lavorata		d
i		**PASSATO REMOTO**			i
n	lavorò	la terra	La terra fu lavorata		n
o		**TRAPASSATO PROSSIMO**			o
	aveva lavorato	la terra	La terra era stata lavorata		

Osservazioni sulla forma passiva

1) Nei tempi semplici al posto del verbo « essere » si può usare il verbo « venire »:

— Il libro **è** letto da tutti. — Il libro **viene** letto da tutti.
— Il libro **sarà** letto da tutti. — Il libro **verrà** letto da tutti.
— Il libro **fu** letto da tutti. — Il libro **venne** letto da tutti.

2) La costruzione passiva si ottiene anche con il verbo « andare » (sempre nei tempi semplici). In tal caso il senso della frase cambia in maniera notevole; con « andare », difatti, non si ha soltanto un semplice costrutto passivo, ma la frase acquista anche un preciso senso di necessità, di dovere, di obbligo.

— Il libro è (viene) letto da tutti. = Tutti leggono questo libro.

Ma:

— Il libro **va** letto da tutti. = Il libro **deve** essere letto da tutti, tutti **devono** leggere questo libro.
— La legge **va** rispettata. = La legge **deve** essere rispettata. tutti **devono** rispettare la legge.

3) La forma passiva con i verbi modali « potere » e « dovere »:

I verbi « potere » e « dovere » non hanno la forma passiva. In una costruzione passiva conservano la forma attiva e sono seguiti dall'infinito passivo, anziché dal participio passato.

— Tutti devono conoscere la verità (forma attiva)
— La verità deve **essere conosciuta** da tutti. (forma passiva)

— Tutti possono capire queste regole. (forma attiva)
— Queste regole possono **essere capite** da tutti. (forma passiva)

4) La forma passiva con i pronomi personali:

I pronomi personali oggetto della frase attiva (lo, la, li, le), diventando i soggetti della frase passiva (egli, esso, essa, ecc.), spariscono: (1)

— È un libro di successo: tutti LO richiedono. (forma attiva)
— È un libro di successo: è richiesto da tutti. (forma passiva)

— Chi te LO ha detto? Me LO ha detto Paolo (**att.**)
— Da chi ti è stato detto? Mi è stato detto da Paolo (**pass.**)

5) Altre forme di costruzione passiva: (2)

La costruzione passiva si ottiene anche premettendo la particella pronominale « si » alla terza persona singolare e plurale dei tempi semplici dei verbi di forma attiva:

— In questo Istituto **si insegna** l'italiano (= è (viene) insegnato l'italiano).

— In questo Istituto, oltre all'italiano, **si insegnano** anche altre materie (= sono (vengono) insegnate anche altre materie).

Abbiamo rilevato che le due forme (attiva e passiva) sono equivalenti nel significato. Va però aggiunto che talvolta la scelta di una delle due forme viene motivata dall'esigenza di mettere in risalto uno degli elementi della proposizione:

— « L'ingegnere è stato ucciso dai banditi in un'imboscata ».

Qui si preferisce la forma passiva perché concentra l'attenzione del lettore sul personaggio più noto e importante (l'ingegnere), mentre « i banditi » (soggetto logico) sono personaggi sconosciuti. Tale caratteristica della forma passiva, com'è logico, viene largamente sfruttata nell'uso scritto e parlato.

---

(1) V. « Pronomi personali ».
(2) Il discorso sulla forma passiva (« si passivante ») sarà ripreso nel capitolo successivo « La forma impersonale ».

43. FORMA IMPERSONALE DEL VERBO

Si chiama forma « impersonale » quella costruzione sintattica in cui il soggetto non è esplicitamente definito.

Esempi di forma impersonale:

1) **Dicono** che i prezzi aumenteranno ancora.

(Il soggetto di « dicono » non è esplicitamente indicato = la gente dice; alcune persone o tutti dicono che i prezzi aumenteranno ancora).

2) **Diciamo** spesso cose che non pensiamo.

(Il soggetto di « diciamo » è soltanto formalmente « noi » (noi = tu ed io, voi ed io). In verità significa: gli uomini, la gente, molte persone dicono...).

3) **Tu** entri in questa città e vedi subito che non è fatta a misura d'uomo.

(Neanche « tu » è il vero soggetto della frase: si dice « tu » per dire una persona qualsiasi).

4) Quando **uno** si trova in difficoltà chiede aiuto.

(Qui l'indeterminatezza del soggetto è resa più evidente dal pronome indefinito « uno » (= qualcuno, una persona, ecc.).

5) Tra le forme impersonali la più usata e, però, quella formata con la particella pronominale « si » e la terza persona singolare di un verbo transitivo o intransitivo.

Esempi:

Si **dice** che i prezzi saliranno ancora   (= dicono che i prezzi...).
In quel ristorante **si mangia bene**   (= uno mangia bene).
Con loro **si parla** sempre di politica   (= uno parla sempre di politica).
Con questo treno **si arriva** prima.   (= uno arriva prima).

1. LA FORMA IMPERSONALE DEL VERBO « ESSERE » SEGUITA DA UN AGGETTIVO

L'aggettivo che segue la forma impersonale del verbo « essere » con la particella « si » prende sempre la terminazione del maschile plurale (« **i** »):

Esempio:

Non **si è** mai conten**ti di** ciò che si ha (= uno non è mai contento di ciò che ha).
Si è tristi quando **si è** soli (= uno è triste quando è solo).
Si è fortunati se si riesce a trovare un buon lavoro (= uno è fortunato se riesce a trovare un buon lavoro).

2. FORMA IMPERSONALE DI UN VERBO PASSIVO (1)

La forma impersonale di un verbo passivo si ottiene con la particella pronominale « si » più il verbo « essere » alla terza persona singolare (« è », « era », « sarà », ecc.), seguito dal participio passato sempre al maschile plurale (« i »):

Esempi:

Quando **si è** amat**i**, si è felic**i** (= quando uno è amato, è felice).
Quando **si è** apprezzat**i**, si lavora con più entusiasmo (= quando uno è apprezzato, lavora con più entusiasmo).

3. FORMA IMPERSONALE DI UN VERBO RIFLESSIVO

La forma impersonale di un verbo riflessivo si ottiene con la particella pronominale « ci » più la terza persona singolare del verbo riflessivo:

Esempi:

Quando **ci si abitua** alle comodità, è difficile rinunciarvi.
(Quando uno si abitua alle comodità, è difficile rinunciarvi).
Quando **ci si sveglia** all'improvviso si sta male tutto il giorno.
(Quando uno si sveglia all'improvviso, sta male tutto il giorno).

4. LA FORMA IMPERSONALE NEI TEMPI COMPOSTI DEI VERBI INTRANSITIVI (2) E RIFLESSIVI

Accordo del participio passato

I tempi composti della forma impersonale dei verbi intransitivi e riflessivi si ottengono con la particella pronominale « si » più il verbo « essere » alla terza persona singolare del tempo e del modo voluti, più il participio passato (« si » + è, era, sarà, ecc. + p. passato).

a) Il participio passato rimane **invariato:**

1) se il verbo intransitivo è coniugato nei tempi composti con l'ausilio « avere »:

Esempi:

Quando **si è dormito** abbastanza ci si sente riposati.
(Quando uno **ha dormito** abbastanza, si sente riposato).
Quando **si è deciso** di fare una cosa non si dovrebbe tornare indietro.
(Quando uno **ha deciso** di fare una cosa non dovrebbe . . .).

---

(1) V. il capitolo 42: « La forma passiva ».
(2) Per i verbi transitivi cfr. il paragrafo seguente « La particella pronominale 'si passivante' ».

b) Il participio passato prende sempre la **terminazione maschile plurale** (« **i** »):

1) se il verbo intransitivo è coniugato nei tempi composti con l'ausiliario « essere »;

2) con i verbi riflessivi (perché sempre coniugati con « essere »).

Esempi:

Quando **si è** entrati in classe, non si dovrebbe uscire finché non suona il campanello (quando uno **è entrato**... non dovrebbe...).

Quando **si è** saliti in cima alla torre si può vedere uno splendido panorama (quando uno **è salito**... può vedere...).

Dopo che **ci si è** lavati ci si sente meglio (dopo che uno **si è** lavato si sente meglio).

5. LA PARTICELLA PRONOMINALE « SI PASSIVANTE »

La particella pronominale « si » premessa alla terza persona singolare di un verbo intransitivo o riflessivo dà origine alla forma impersonale del verbo:

Esempi:

Si crede; si va; si dorme; ci si diverte; ci si annoia; ecc.

La stessa particella, se premessa alla terza persona singolare e plurale di un verbo **transitivo** seguito dal complemento oggetto, dà origine invece alla forma passiva del verbo:

Esempi:

Forma impersonale con « si »	Forma passiva con « si »
In quel ristorante **si mangia** bene (= uno mangia bene).	In quel ristorante **si mangia** dell'ottima carne.
Si vede che non sei di Perugia.	A Perugia **si vedono** molti stranieri.
Si è capito subito che ormai era troppo tardi.	Non **si è** capita bene questa lezione.
	Non **si sono** capite bene alcune cose.

Nota bene

Se il complemento oggetto è un pronome (lo, la, li, le), questo precede il verbo sia nei tempi semplici che nei tempi composti. Nei tempi composti il participio passato si accorda con il pronome complemento oggetto (1):

Esempi:
    Che tu non abbia voglia di lavorare, LO si vede subito.
    È una voce inconfondibile: LA si distingue fra mille.
    Una pioggia così non LA si era vista da anni.

---

44. IL MODO IMPERATIVO

È un modo di essere dell'azione, come lo è l'indicativo, il congiuntivo, il condizionale, ecc.

Esprime un ordine (leggi!; leggete!) che viene rivolto in modo più naturale alla seconda persona singolare (tu) e plurale (voi) e alla prima plurale (noi), perché è **diretto.** Con le altre persone (lui, lei, loro) assenti, o sentite come assenti dalla conversazione, l'ordine è **indiretto.** Questo fatto ha la sua importanza per le forme: difatti per esprimere l'ordine diretto (tu, voi, noi) si usano le **forme proprie dell'imperativo,** mentre per esprimere l'ordine indiretto (lui, lei, loro) s'usa il **congiuntivo.** Lo stesso anche per le forme di cortesia (Lei, Loro = Vostra (e) signoria (e)).

LE FORME DELL'IMPERATIVO

Imperativo positivo

Per tutte le forme dirette (tu, voi, noi) l'imperativo è uguale all'indicativo presente (2).

La seconda persona singolare (tu) dei verbi della prima coniugazione fa eccezione: si ottiene togliendo « -RE » dall'infinito.

ORDINE DIRETTO — IMPERATIVO (tu, voi, noi) = Indicativo presente

	I. RACCONTARE	II. PRENDERE	III. PARTIRE	FINIRE
(tu)	**racconta!**	prendi!	parti!	finisci!
(voi)	raccontate!	prendete!	partite!	finite!
(noi)	raccontiamo!	prendiamo!	partiamo!	finiamo!

ORDINE INDIRETTO — CONGIUNTIVO PRESENTE
(lui, lei, Lei, loro, Loro)

lui, lei, Lei	racconti!	prenda!	parta!	finisca!
loro, Loro	raccontino!	prendano!	partano!	finiscano!

---

(1) V. qui il capitolo « Accordo del participio passato con il soggetto e con l'oggetto ».

Note per l'insegnante.

(2) Per « noi » si tratta di una scelta didattica per conservare intatto lo schema, essendovi per questa persona solo in teoria una differenza fra le forme del presente indicativo e del congiuntivo.

IMPERATIVO NEGATIVO

Si ottiene premettendo « NON » alla forma positiva:

Esempi:

Non raccontate! non prendiamo! non finisca! non partano!

Anche qui la seconda persona singolare (tu) fa eccezione: forma l'imperativo negativo con « NON » + l'infinito:

Esempi:

non raccontaRE! non prendeRE! non partiRE! non finiRE!

FORME PRONOMINALI DELL'IMPERATIVO (L'imperativo con i pronomi personali semplici e combinati e con i programmi riflessivi).

IMPERATIVO POSITIVO

ORDINE DIRETTO — IMPERATIVO (tu, voi, noi)

I pronomi-complementi si mettono DOPO il verbo, con cui formano una parola sola. Non c'è spostamento di accento.

	I. RACCONTARE	II. PRENDERE
(tu)	raccontagli!	prendigliela!
(voi)	raccontateci!	prendetela!
(noi)	raccontiamoglielo!	prendiamoglieli!

	III. FINIRE	SVEGLIARSI
(tu)	finiscila!	svegliati!
(voi)	finitelo!	svegliatevi!
(noi)	finiamoglielo!	svegliamoci!

ORDINE INDIRETTO — CONGIUNTIVO (lui, lei, Lei, loro, Loro)

I pronomi-complementi si mettono PRIMA del verbo, da cui restano separati.

lui
lei } **lo** racconti!   **ce la** prenda!   **gliela** finisca!   **si** svegli!
Lei

Loro
loro } **lo** raccontino!   **ce la** prendano!   **gliela** finiscano!   **si** sveglino!

IMPERATIVO NEGATIVO

ORDINE DIRETTO — IMPERATIVO (tu, voi, noi)

Si ottiene con « NON » + la forma positiva. Per la seconda persona singolare (tu) con « NON » + l'infinito. I pronomi complementi si mettono di solito DOPO il verbo, con cui formano una parola sola. Non c'è spostamento di accento.

I. RACCONTARE

(tu) non raccontargli!
(voi) non raccontateci!
(noi) non raccontiamoglielo!

II. PRENDERE

non prendergliela!
non prendetela!
non prendiamoglieli!

III. FINIRE

(tu) non finirla!
(voi) non finitelo!
(noi) non finiamoglielo!

DISTRARSI

non distrarti!
non distraetevi!
non distraiamoci!

Nota bene:

I pronomi possono stare anche davanti ai verbi:

Esempio:

Non **gli** raccontare!   non **ci** raccontate!   non **gliela** prendete!
Non **ti** distrarre!   non **vi** distraete! ecc.

ORDINE INDIRETTO — CONGIUNTIVO (lui, lei, Lei, loro, Loro)

I pronomi si mettono PRIMA del verbo, dal quale restano separati.

lui
lei } non **gli** racconti!   non **ce la** prenda!   non **gliela** finisca!
Lei

loro
Loro } non **gli** raccontino!   non **ce la** prendano!   non **gliela** finiscano!

lui
lei } non **si** distragga!   loro
Lei   Loro } non **si** distraggano!

ALCUNE FORME PARTICOLARI DELL'IMPERATIVO

I verbi: ANDARE, DARE, STARE, DIRE, FARE, e gli ausiliari AVERE ed ESSERE presentano irregolarità nella seconda persona singolare.

ANDARE:	va'!	non andare!	vacci!	non andarci!	(non ci andare!)
DARE:	da'!	non dare!	dammi!	non darmi!	(non mi dare!)
STARE:	sta'!	non stare!	stacci!	non starci!	(non ci stare!)
DIRE:	di'!	non dire!	dillo!	non dirlo!	(non lo dire!)
FARE:	fa'!	non fare!	fallo!	non farlo!	(non lo fare!)
AVERE:	abbi!	non avere!	abbila!	non averla!	(non l'avere!)
ESSERE:	sii!	non essere!	siilo!	non esserlo!	(non l'essere)

Nota: Nelle forme monosillabiche dell'imperativo la consonante iniziale del pronome complemento si raddoppia:

Esempio:

vaCCi; daMMi; staCCi; diLLo; faLLo; daLLe.

---

45. IL PERIODO IPOTETICO

Il periodo ipotetico è composto di due proposizioni semplici: una contiene l'ipotesi o condizione, e l'altra la conseguenza.

Il periodo ipotetico può essere di **tre tipi**:

I. della **REALTA'**:

ipotesi o condizione	conseguenza
Se griderai forte, (futuro indicativo)	ti sentiranno. (futuro indicativo)
Se gridi, (presente indicativo)	ti sentono. (presente indicativo)
Se lavorerai troppo,	ti stancherai.
Se lavori troppo,	ti stanchi.

L'azione è presentata come certa:

Ti sentiranno (sentono) di sicuro.
Ti stancherai (stanchi) di certo.

II. della **POSSIBILITA'**:

— Se tu gridassi forte, ti sentirebbero.
  (cong. imperfetto)   (condiz. semplice)

L'azione è presentata come possibile, realizzabile: Ti sentirebbero (possono sentirti o non sentirti); ti stancheresti (puoi stancarti o no).
Con le locuzioni: « nell'eventualità che », « nel caso che », « se per

caso », « qualora », la condizione o l'ipotesi viene resa con l'imperfetto congiuntivo, anche quando la conseguenza è espressa con un verbo all'indicativo o all'imperativo:

Esempi:

Nell'eventualità che Lei si trovasse in difficoltà, può sempre rivolgersi ad una nostra agenzia.
Qualora dovessero esserci malcontenti, chiamateci.

III. dell'**IRREALTA'**:

Non hai gridato forte e perciò non ti hanno sentito.
Se avessi gridato forte, ti avrebbero sentito.
(cong. trapassato)   (condiz. composto)
Ti saresti stancato, se avessi lavorato troppo.

L'azione è presentata come non realizzata: Ti avrebbero sentito, ma non ti hanno sentito, perché non hai gridato forte; ti saresti stancato, ma non ti sei stancato, perché non hai lavorato troppo.

Però: Se allora lui non avesse perduto il lavoro, ora non avrebbe problemi economici.
(**Ora** ha problemi economici, perché **prima** ha perduto il lavoro).

Nota bene: Nel terzo tipo di periodo ipotetico, al posto di tutti e due i tempi si può usare anche l'**imperfetto indicativo**:

Esempio:
Se lei fosse venuta, mi avrebbe trovato a casa.
oppure: Se lei veniva, mi trovava a casa (1).

46. IL DISCORSO DIRETTO E INDIRETTO

Quando raccontiamo ciò che una o più persone hanno detto, abbiamo due modi per farlo:

1) Riferire le parole esatte dette da quelle persone. In questo caso usiamo il **discorso diretto**:

Esempio:

Roberto disse: « Ho venduto questa casa ».
« Ho venduto questa casa » sono le parole testuali pronunciate da Roberto.

2) Raccontare ciò che è stato detto, senza usare le parole esatte pronunciate da quelle persone.

Esempio:

Roberto disse che aveva venduto (di aver venduto) quella casa.
« Aveva venduto (di aver venduto) quella casa » non sono le parole esatte di Roberto. E' il nostro racconto. In questo caso usiamo il **discorso indiretto.**

---

(1) Si sconsiglia, però, un uso esagerato dell'imperfetto indicativo nel periodo ipotetico, perché ciò va spesso a scapito della chiarezza e dello stile.

Con il **discorso diretto** è come se noi che leggiamo o ascoltiamo fossimo presenti ai fatti: Roberto è vicino a noi, la casa è vicina a noi, è **questa** casa; è come se sentissimo le parole di Roberto con le nostre orecchie. L'azione è avvenuta di recente: **ho venduto** (passato prossimo).

Con il **discorso indiretto** siamo lontani dai fatti nel tempo e nello spazio: Roberto è là, lontano da noi, la casa è **quella,** non più questa, non sentiamo le parole come pronunciate da Roberto. L'azione è avvenuta lontano nel tempo: **aveva venduto** (trapassato prossimo).

Quindi la persona che narra sceglie il discorso indiretto quando vuole raccontare il contenuto della conversazione con una **distanza** dai fatti. Questa è una distanza nel tempo e nello spazio.

STRUTTURA DEL DISCORSO INDIRETTO

D.D. — Roberto **disse:** « **Ho venduto** questa casa ».

« Disse » è il verbo della prima frase, « ho venduto » è il verbo della seconda frase. I due verbi sono indipendenti.

D.I. — Roberto **disse** che **aveva venduto** quella casa.

« Disse » è il verbo principale dal cui tempo dipende quello del verbo secondario (aveva venduto).

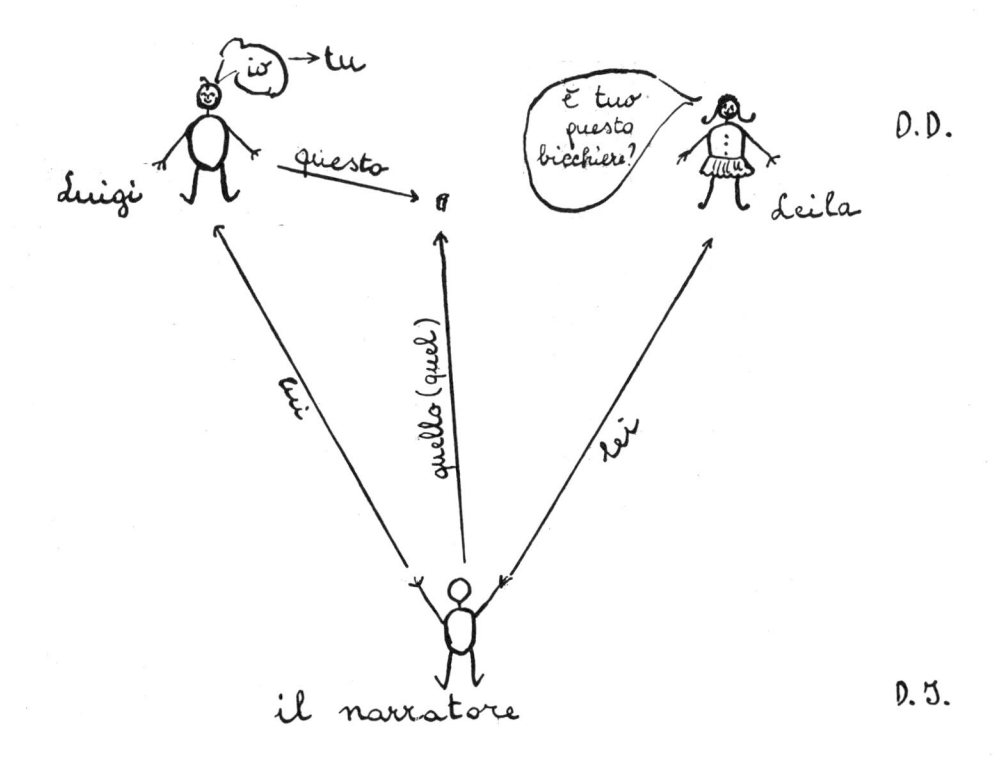

Quindi:

Il **discorso indiretto** è l'unione di due o più azioni, di due o più verbi, di cui uno è principale e gli altri sono secondari, dipendenti.

Il verbo principale può essere un verbo del tipo di: « dire », « raccontare », « aggiungere », « chiedere », « ripetere », « rispondere », ecc., verbi, cioè, che si riferiscono sempre ad una conversazione, ad un discorso.

Il verbo principale determina quali devono essere i tempi e i modi dei verbi dipendenti.

a) Se il verbo principale è **al presente** o **al futuro** i tempi dei verbi dipendenti non cambiano.

b) Se il verbo principale è **al passato** i verbi dipendenti seguono la concordanza del passato.

Osserviamo:

1) Luigi e Leila sono vicini, si parlano direttamente e usano IO e TU. **Ma** chi racconta si trova a distanza nel tempo e nello spazio: per il narratore i due sono lontani e **terze** persone: LUI e LEI.

2) Ciascuno dei due può chiedere all'altro: « È **tuo** questo bicchiere? ». **Ma** per chi osserva dal di fuori il bicchiere può essere soltanto **suo** (di Luigi o di Leila).

3) Il bicchiere si trova vicino a Luigi e a Leila e loro due possono dire **questo** bicchiere.

Ma chi racconta è lontano dal bicchiere e dunque dirà: **quel** (quello).

Quindi egli racconterà: Leila chiese a Luigi se fosse **suo quel** bicchiere.

CAMBIAMENTI NEL PASSAGGIO DAL DISCORSO DIRETTO AL DISCORSO INDIRETTO

1) **I pronomi personali:**

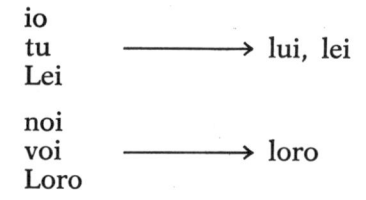

io
tu ⟶ lui, lei
Lei

noi
voi ⟶ loro
Loro

2) **I possessivi:**

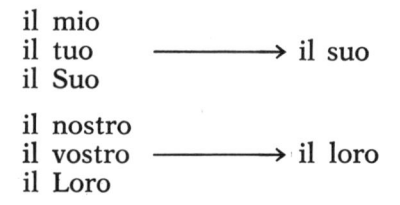

il mio
il tuo ⟶ il suo
il Suo

il nostro
il vostro ⟶ il loro
il Loro

3) **I dimostrativi:**

    questo ⟶ quello

4) **Avverbi del tempo:**

    domani ⟶ il giorno dopo

oggi ⟶ quel giorno

    ieri ⟶ il giorno prima

    tra poco ⟶ poco dopo

ora ⟶ allora

    poco fa ⟶ poco prima

5) **Avverbi di luogo:**

    qui
    qua ⟶ lì, là

6) **Il verbo « venire » diventa « andare »**

D.D. — Gli chiese: « Puoi **venire** qua? ».
D.I. — Gli chiese se potesse **andare** là.

I TEMPI E I MODI DEI VERBI

Discorso diretto   **Discorso indiretto**

⟶

1) Il **presente indicativo**   **Imperfetto indicativo**
        congiuntivo   **congiuntivo**

Esempi: Esempi:

Disse: « **So** già tutto ».   Disse che **sapeva** già tutto.
Gli rispose: « **Mi meraviglio** che tu   Gli rispose che **si meravigliava** che
sappia già tutto ».   lui **sapesse** già tutto.

⟶

2) Il **futuro** (semplice e anteriore)   **Condizionale composto**

Esempio: Esempio:

Disse: « Ci **crederò** soltanto quan-   Disse che ci **avrebbe creduto** sol-
do l'**avrò visto** con i miei occhi ».   tanto quando lo **avrebbe visto** con
                                          i suoi occhi.

3) Il **perfetto (pass. prossimo e pass. remoto)** ⟶ **Piuccheperfetto (trapassato prossimo)**

Esempio:

Disse: « **Sono arrivato (arrivai)** a piedi ».

Esempio:

Disse che **era arrivato** a piedi.

4) Il **condizionale semplice** ⟶ **Condizionale composto**

Esempio:

Aggiunse: « **Vorrei** riposarmi un po' ».

Esempio:

Aggiunse che **avrebbe voluto** riposarsi un po'.

5) L'**imperativo** ⟶ **Infinito semplice** o **congiuntivo imperfetto.**

Esempio:

Gli gridò: « **Va'** via e **non farti** più vedere! ».

Esempio:

Gli gridò **di andare via (che se ne andasse** via) e **di non farsi (che non si facesse)** più vedere.

Nota bene.

Con i verbi principali « chiedere » e « domandare » il **presente indicativo** diventa **imperfetto congiuntivo** e il **perfetto indicativo** diventa **trapassato congiuntivo**:

Esempio:

Mi chiese: « **Puoi** prestarmi 10.000 lire? ».	D.D.
Mi chiese se **potessi** prestargli 10.000 lire.	D.I.
Gli chiese: « **Hai visto** Francesca? ».	D.D.
Gli chiese se **avesse visto** Francesca.	D.I.

Nel passaggio dal D.D. al D.I. **non cambiano**:

1) **L'imperfetto indicativo e congiuntivo**

D.D. Disse: « **Pensavo** che lo **voleste** comprare ».
D.I. Disse che **pensava** che lo **volessero** comprare.

2) **I tempi trapassati**

D.D. Disse: « Non sapevo che **fossi arrivata** ».
D.I. Disse che non sapeva che lei **fosse arrivata.**

3) L'infinito, il gerundio, il participio

D.D. Disse: « **Credendo** di **averne** ancora, non ne ha comprate più ».
D.I. Disse che **credendo** di **averne** ancora non ne aveva comprate più.

D.D. Aggiunse: « **Appresa** la notizia, partii subito ».
D.I. Aggiunse che, **appresa** la notizia, era partito subito.

IL VERBO PRINCIPALE AL PRESENTE

1) Se il verbo principale è al presente, i tempi dei verbi dipendenti **non cambiano**.

Esempio:

D.D. **Dice**: « **Vendo** questa casa a chi mi **offre** di più ».
D.I. **Dice** che **vende** questa casa a chi gli **offre** di più.

2) Cambia soltanto l'**imperativo**, che diventa **infinito presente** o **congiuntivo presente**.

Esempio:

D.D. Dice: « **Parlate** solo a voce bassa ».
D.I. Dice a loro **di parlare (che parlino)** solo a voce bassa.

IL PERIODO IPOTETICO
NEL PASSAGGIO DAL DISCORSO DIRETTO AL DISCORSO INDIRETTO

1) **Periodo ipotetico della REALTA'**

D.D. Disse: « Se **avrò** tempo **andrò** a trovarla ».
D.I. Disse che se **avesse avuto** tempo **sarebbe andato** a trovarla.

2) **Periodo ipotetico della POSSIBILITA'**

D.D. Disse: « Se **avessi** tempo, **andrei** a trovarla ».
D.I. Disse che se **avesse avuto** tempo **sarebbe andato** a trovarla.

3) **Periodo ipotetico della IRREALTA'**

D.D. Disse: « Se **avessi avuto** tempo, **sarei andato** a trovarla ».
D.I. Disse che se **avesse avuto** tempo **sarebbe andato** a trovarla.

Nota bene.

Nel passaggio dal discorso diretto al discorso indiretto **scompare la differenza** fra i tre casi del periodo ipotetico. Nel discorso indiretto con un predicato principale **al passato** esistono periodi ipotetici solo del III tipo, cioè della **irrealtà**.

47. AGGETTIVI E PRONOMI INDEFINITI

Gli indefiniti si distinguono in:

a) **solo aggettivi**   b) **solo pronomi**   c) **aggettivi e pronomi**

Determinano il nome in maniera indefinita, imprecisa.

INDEFINITI SOLO AGGETTIVI: non possono essere usati da soli.

Ogni: è soltanto singolare. Si usa per il maschile e per il femminile. Si riferisce a persone e a cose. Pur essendo singolare esprime l'idea di una pluralità indefinita.

Esempi:

Ogni giorno lo incontro per la strada (tutti i giorni...).
È un libro che puoi trovare in ogni libreria (in tutte le...).
In ogni città italiana vi sono tracce di storia millenaria.
Ogni persona ha i propri problemi.
Ogni tuo desiderio sarà esaudito.
Ogni quanti mesi si pagano le tasse da voi?

Qualche: è soltanto singolare. Si usa per il maschile e per il femminile. Si riferisce a persone e a cose. Pur essendo singolare esprime l'idea di una pluralità indefinita.

Esempi:

Glielo avrà detto qualche sua connazionale (una persona non ben definita).
Nella sala c'è soltanto qualche spettatore (alcuni, pochi spettatori).
Ho letto solo qualche pagina del libro che mi hai prestato.

Qualsiasi: è soltanto singolare. Si usa per il maschile e per il femminile. Si riferisce a persone e a cose. Può stare prima o dopo il nome. Richiede l'uso del modo congiuntivo.

Esempi:

Comprami un giornale qualsiasi, non importa il colore politico: voglio leggere gli annunci economici.
A qualsiasi persona lo domandiate, sentirete la stessa risposta.

Qualunque: è soltanto singolare. Si usa per il maschile e per il femminile. Si riferisce a persone e a cose. Richiede l'uso del modo congiuntivo.

Esempi:

Prendi un operaio qualunque (= uno dei tanti, non importa chi).
Ci possiamo vedere un giorno qualunque della settimana (= uno dei sette, non importa quale).
Qualunque cosa egli dica, non cedere!
Qualunque persona volesse provarci, ci riuscirebbe.

Certo: Si usa per il maschile e per il femminile, al singolare e al plurale. Si riferisce a persone e a cose. Al singolare è preceduto dall'articolo indeterminativo « un ».

Esempi:

Un certo signor Razzi ti ha cercato.
Certe persone non si accontentano mai di niente.

INDEFINITI SOLO PRONOMI: si usano soltanto da soli, non possono cioè accompagnare un nome.

Uno: si usa solo al singolare. Si riferisce soltanto a persone. Seguito da « altro » è sempre articolato e può avere anche il plurale.

Esempi:

Quando uno fa una promessa, deve mantenerla.
Uno fa e l'altro disfa.
Si aiutano l'un l'altro.
Lo fanno gli uni e gli altri.

Ognuno: si usa solo al singolare. Significa: ogni persona, ogni cosa.

Esempi:

Ognuno deve fare il proprio dovere (= ciascuno, ogni persona, tutti).
Ognuna delle persone con cui ho parlato era già al corrente di tutto.
Ognuna di queste cornici costa 100.000 lire.

Chiunque: si usa solo al singolare, tanto per il maschile che per il femminile. Si riferisce solo a persone. Significa: qualunque persona. Richiede il modo congiuntivo.

Esempi:

Chiunque mi cerchi, non risponderò.
A chiunque te lo chieda, rispondi con garbo.

Qualcuno, Qualcheduno: si usano solo al singolare. Si riferiscono a persone e a cose. Possono esprimere anche un senso di pluralità.

Esempi:

Compra tutti i giornali più importanti della città: in qualcuno possiamo forse trovare la notizia (= in uno di essi).
Qualcuno potrebbe pensare che tu dica sul serio (= uno, qualche persona).
A qualcuno la tua proposta potrebbe sembrare conveniente.
Qualcheduno può anche ritirarsi, ma la maggioranza è sempre garantita.

Nulla, Niente: Si usano solo al singolare. Si riferiscono soltanto a cose e significano: « nessuna cosa ». Se precedono il verbo escludono l'uso dell'avverbio « non ». Se seguono il verbo, questo è alla forma negativa.

Esempio:

È un acuto osservatore: nulla (niente) gli sfugge.
Nulla ci farà cambiare idea.
Non ci farà cambiare idea nulla.
Non ti posso dire niente ancora.

Nota: Talvolta si usa anche come aggettivo:

Esempio:

Per domani niente compiti!
Niente paura!

INDEFINITI AGGETTIVI E PRONOMI:

Si usano sia come aggettivi, cioè insieme ad un nome, sia come pronomi, cioè da soli.

Ciascuno: Si usa solo al singolare. Si riferisce a persone e a cose. Significa « ogni persona », « ognuno », « ogni cosa ».

Esempi:

Ciascuno di loro è in grado di farlo (ognuno di loro).
Ciascuno vuole avere la sua parte.
Ciascuno deve pensare ai fatti propri.
In ciascun giornale è riportata questa notizia.

Nessuno: Si usa soltanto al singolare. Si riferisce a persone e a cose. Ha il significato opposto a quello di « ciascuno ». Se usato prima del verbo questo non si mette alla forma negativa; se usato dopo, il verbo si fa precedere dall'avverbio « non ».

Esempi:

Nessuno può capirlo meglio di noi.
Non lo può capire nessuno meglio di noi.
Ho visto tante case ma nessuna mi è piaciuta come questa.
In nessun caso devi preoccuparti per noi.

Molto, tanto, poco, alquanto, parecchio, troppo, quanto: Si usano al singolare e al plurale. Si riferiscono a persone e a cose. Esprimono una quantità indeterminata.

Esempi:

Molte persone visitano Perugia ogni anno.
Ho visto tanti bambini.
In questo periodo ho fatto poche cose.

Ci vuole alquanto coraggio per affrontare una situazione simile.
Ho comprato parecchie cose nuove.
Troppi hanno già sfruttato questa idea.
Quanta pazienza ci vuole con lui!

Alcuno: Si usa al singolare e al plurale, per il maschile e per femminile. Al singolare si preferisce « qualche ». Si riferisce a persone e a cose.

Esempi:

Avete alcuna notizia di Giancarlo?
Alcuni pensano che per parlare una lingua basti solo conoscere un gran numero di parole.
Ci sono alcune cose in te che non capisco.

Tale: Si usa per il maschile e per il femminile, al singolare e al plurale. Si riferisce a persone e a cose. Al singolare è preceduto dall'articolo indeterminativo « un ».

Esempi:

È un tale che ho incontrato in treno.
Tali persone non si accontentano mai di niente.

Nota: « tale » si può troncare davanti a consonante (più raramente davanti a vocale) ma non si apostrofa mai:

Esempi:

In tal caso non saprei cosa fare.
Non mi sarei mai aspettato una tal azione da lui.

Tutto: Si usa per il maschile e per il femminile, al singolare e al plurale. Si riferisce a persone e a cose. Quando è seguito da un nome articolato l'articolo accompagna solo il nome.

Esempio:

Tutte le persone che conosco mi hanno sconsigliato di farlo.

Quando un nome al plurale viene determinato da un numerale, tutti(e) viene seguito dalla congiunzione « e »; poi segue il numerale; poi l'articolo e alla fine il nome.

Esempio:

Tutti e cinque gli uomini.
  1   2   3   4   5
Tutte e cinque le donne.

Come pronome:

Non tutto è perduto.
Tutti lo capiscono e lo aiutano.

48. L'AVVERBIO

L'avverbio determina, spiega, completa l'azione. Risponde alla domanda: « Come? », « Dove? », « Quanto? », « Quando? », ecc.

Esempio:

Laura lavora.

Come lavora?	Laura lavora **volentieri**.
Dove lavora?	Laura lavora **qui**.
Quanto lavora?	Laura lavora **molto**.
Quando lavora?	Laura lavora **sempre**.

Vediamo che gli avverbi: **volentieri, qui, molto, sempre**, spiegano il modo, il luogo, la quantità e il tempo in cui si svolge l'azione. Ci sono, quindi, avverbi **di modo, di luogo, di quantità, di tempo**, ecc.

1) Avverbi di MODO o di MANIERA

Eccetto pochi avverbi come: **bene, male, meglio, peggio, insieme, apposta, invano, così, come**, ecc., gli avverbi di modo **si formano dal femminile singolare di un aggettivo**, con l'aggiunta del suffisso **-MENTE**.

Esempio:

certo	certAmente	certissimAmente
vero	verAmente	verissimAmente
nuovo	nuovAmente	nuovissimAmente
ultimo	ultimAmente	ultimissimAmente
povero	poverAmente	poverissimAmente
alto	altAmente	altissimAmente
lungo	lungAmente	lunghissimAmente
pieno	pienAmente	pienissimAmente
sicuro	sicurAmente	sicurissimAmente
pronto	prontAmente	prontissimAmente
libero	liberAmente	liberissimAmente
lontano	lontanAmente	lontanissimAmente
giusto	giustAmente	giustissimAmente
chiaro	chiarAmente	chiarissimAmente

Nota: gli aggettivi in -LE e -RE **perdono la « e »** davanti a -MENTE.

Esempio:

Forte	fortEmente	fortissimAmente

Ma:

possibile	possibilMENTE
maggiore	maggiorMENTE
facile	facilMENTE
difficile	difficilMENTE
volgare	volgarMENTE

2) Avverbi di TEMPO

Oggi	ieri	domani
adesso	prima	dopo
ancora	allora	finora
già	ormai	poi
quando	sempre	mai
subito	ora	

Esempi:

Finora non ho ricevuto nessuna notizia.
Luigi e Carla **non** sono **ancora** arrivati.
Luigi e Carla sono **già** arrivati.
Non avevo **mai** visto uno spettacolo così bello.

presto, spesso, tardi si possono graduare:

Esempi:

Cammina **più (meno) presto**!
In questo periodo lo vedo **più (meno) spesso di prima**.
Stamattina mi sono alzato **più tardi** del solito.

3) Avverbi di LUOGO

qui, lì	qua, là	dove
sotto	sopra	dentro
fuori	davanti	dietro
presso	vicino	lontano
su	giù	intorno

Esempi:

A Perugia abito **presso** una famiglia.
Assisi è **vicino** a Perugia.
Signora, non rimanga **qua fuori**, vada pure **dentro**.
Vieni **su** tu o vengo **giù** io?

4) Avverbi di QUANTITA'

poco	molto	tanto
parecchio	troppo	abbastanza
almeno	appena	affatto
niente	nulla	quasi
solo	soltanto	altrettanto
quando		

Esempi:

Mi sono divertito **molto (tanto, parecchio)**.
Hai bevuto **troppo** vino? No, anzi, **non** ne ho bevuto **affatto**.
Potevi **almeno** dirmelo prima.
C'erano **almeno** trenta persone alla festa.
Buon appetito! Grazie **altrettanto**!

Molto e **poco** hanno il superlativo:

Esempi:

Mi sono divertita **moltissimo** insieme a loro.
In questi ultimi tempi l'ho visto **pochissimo**.
Vado **pochissimo** al centro, **soltanto** per fare qualche commissione.

5) Espressioni AVVERBIALI

Sono espressioni che hanno la stessa funzione dell'avverbio, quella cioè di completare l'azione.

Esempi:

È arrivato **all'improvviso**.
Parlarono **a tu per tu (a quattr'occhi)**.
Si è riposato **a poco a poco**.
Lo convinceremo **con le buone o con le cattive**.
Li vedo **di tanto in tanto**.
L'ha scritto **alla meglio**.
Mi sono alzato **di buon'ora**.
Lo fece **di nascosto, a mia insaputa**.
Lavora **di giorno** e **di notte**.
Se ne andarono **in fretta**.
L'abbiamo incontrato **per caso**.
Ci vediamo **fra poco**.
Ci riusciremo **senza dubbio**.
Ce lo raccontarono **per filo e per segno**.
L'ho visto **per combinazione (per caso)**.
Ha lavorato **per ore e ore** e poi **di punto in bianco (all'improvviso)** ha smesso.
L'ho preso **per sbaglio**.
Sono sicuro che l'ha fatto **a bella posta (di proposito)**.

Alcuni avverbi sono usati **in coppia**:

Esempi:

Non è poi **così** ingenuo **come** sembrava.
Non è **così** brutto **come** me l'avevi descritto.
Non è **tanto** intelligente **quanto** suo fratello.
Lavora **non tanto** per il denaro **quanto** per la soddisfazione.

---

49. LA CONGIUNZIONE

La congiunzione serve a mettere in rapporto, a collegare (« congiungere ») due parole o due frasi.

Esempi:

Luisa **e** Chiara lavorano insieme.
Quella ragazza che hai visto non è **né** Carla **né** Giulia, **ma** Francesca.

Le congiunzioni più usate sono:

e	o	né
ma	se	benché
perché	poiché	che
tuttavia	affinché	ebbene
quando	mentre	purché
qualora	eppure	neppure
neanche	nemmeno	però
siccome	oppure	infatti
cioè	quindi	dunque
perciò	finché	

Esempi:

Non lo compero **perché** (**poiché**) costa troppo.
Poiché lui non era in grado di fare quel lavoro, hanno scelto un altro.
Benché avessi qualche linea di febbre, dovetti alzarmi lo stesso.
Avevo qualche linea di febbre, **tuttavia** dovetti alzarmi lo stesso.
Perché l'hai fatto? **Eppure** sapevi che mi sarebbe dispiaciuto!
Ebbene, se tutti hanno capito possiamo continuare la lezione.
Ci verrò anch'io, **purché** non **si faccia** troppo tardi.
Qualora tu **dovessi** ritardare, avvertimi!
Siccome non c'era nessuno, ho lasciato un biglietto.
Credo che guadagni molto: **infatti** fa una vita molto dispendiosa.
Penso di partire fra tre giorni, **cioè** martedì.
Dunque, come dicevo poco fa, mancano pochi giorni agli esami, **quindi** non c'è tempo da perdere.
Ha insistito molto **affinché** partissi con lui.
Secondo me non ha ragione **né** lui **né** lei.

Espressioni congiuntive:

anche se	appena che	in modo da	di modo che
dopo che	tanto che	dato che	visto che
tranne che	vale a dire	nel caso che	prima che

Esempi:

Anche se glielo **spedissi** subito, non arriverebbe in tempo per la sua festa.
Avevo **appena** finito di prepararmi **che** egli passò a prendermi.
Fate piano, **in modo** da non svegliarlo.
Fate piano, **di modo che** lui non **si svegli.**
Penso di partire fra tre giorni, **vale a dire** martedì.
Ormai non li aspettavamo più, **tanto che** eravamo già andati a letto.
Dato che (**visto che**) si è fatto tardi, non conviene più uscire.
Rimarrò a casa tutto il giorno, **tranne che debba** accompagnare da qualche parte mia moglie.
Nel caso che tu **dovessi** ritardare, avvertimi!
Devi prendere una decisione, **prima che sia** troppo tardi.

50. I NUMERALI

I numeri che indicano la quantità:

1	uno, a	21	ventuno, a	101	centouno, a
2	due	22	ventidue	102	centodue
3	tre	23	ventitré	110	centodieci
4	quattro	24	ventiquattro	123	centoventitré
5	cinque	25	venticinque	200	duecento
6	sei	26	ventisei	300	trecento
7	sette	27	ventisette	400	quattrocento
8	otto	28	ventotto	500	cinquecento
9	nove	29	ventinove	600	seicento
10	dieci	30	trenta	700	settecento
11	undici	31	trentuno, a	800	ottocento
12	dodici	32	trentadue	900	novecento
13	tredici	33	trentatré	1000	mille
14	quattordici	40	quaranta	1001	mille e uno, a
15	quindici	50	cinquanta	1002	mille e due
16	sedici	60	sessanta	1020	mille e venti
17	diciassette	70	settanta	1100	mille e cento
18	diciotto	80	ottanta	1200	mille e duecento
19	diciannove	90	novanta	2000	duemila
20	venti	100	cento	3000	tremila

4000	quattromila	100.000	centomila
5000	cinquemila	200.000	duecentomila
6000	seimila	300.000	trecentomila
7000	settemila	400.000	quattrocentomila
8000	ottomila	500.000	cinquecentomila
9000	novemila	600.000	seicentomila
10000	diecimila	700.000	settecentomila
20000	ventimila	800.000	ottocentomila
		900.000	novecentomila

1.000.000   un milione
1.200.023   un milione duecentomilaventitré

Ossevare:

1) **L'accordo del nome nel numero**

un dollaro	due dollari	ventun dollari
una sterlina	due sterline	ventuno sterline

Nota bene: un milione **di** dollari
              un milione e mezzo di dollari.

ma: un milione e cinquecentomila dollari.

II) L'accordo del nome nel genere non si fa.

i **due** dollari
le **due** sterline

i **ventuno** dollari
le **ventuno** sterline

III) Nelle lettere commerciali, nei vaglia postali, negli assegni, ecc. la cifra si scrive unita:

Esempio:

L. 190.345 (centonovantamilatrecentoquarantacinque)

AGGETTIVI NUMERALI CHE INDICANO L'ORDINE (NUMERALI)

I	primo, a, i, e	XXI	ventun**esimo**, a, i, e
II	secondo, a, i, e	XXII	ventidu**esimo**, a, i, e
III	terzo, a, i, e	XXIII	ventitre**esimo**, a, i, e
IV	quarto, a, i, e	XXIV	ventiquattr**esimo**, a, i, e
V	quinto, a, i, e	XXV	venticinqu**esimo**, a, i, e
VI	sesto, a, i, e	XXVI	ventisei**esimo**, a, i, e
VII	settimo, a, i, e	XXVII	ventisett**esimo**, a, i, e
VIII	ottavo, a, i, e	XXVIII	ventott**esimo**, a, i, e
IX	nono, a, i, e	XXIX	ventinov**esimo**, a, i, e
X	decimo, a, i, e	XXX	trent**esimo**, a, i, e
XI	undic**esimo**, a, i, e (1)		
XII	dodic**esimo**, a, i, e		
XIII	tredic**esimo**, a, i, e	100°	cent**esimo**, a, i, e
XIV	quattordic**esimo**, a, i, e	1000°	mill**esimo**, a, i, e
XV	quindic**esimo**, a, i, e		
XVI	sedic**esimo**, a, i, e		
XVII	diciassett**esimo**, a, i, e	Paolo VI (sesto)	
XVIII	diciott**esimo**, a, i, e	Enrico VIII (ottavo)	
XIX	diciannov**esimo**, a, i, e	Luigi XIV (quattordicesimo)	
XX	vent**esimo**, a, i, e		

Attenzione: Come tutti gli aggettivi, anche i numerali ordinali si accordano nel genere e nel numero con il nome:

Esempi:

Il prim**o** giorn**o**   la second**a** or**a**   le terz**e** person**e**

---

(1) I numerali ordinali da 11 in poi si formano aggiungendo -esimo al numero, che perde l'ultima vocale « i »: dodic(i) + esimo = dodicesimo.

I NUMERALI CHE INDICANO LA PARTE DI UNA QUANTITA'

$\frac{1}{2}$	un mezzo (= la metà)	2/5	due quinti
$\frac{1}{3}$	un terzo	3/4	tre quarti
		9/10	nove decimi
$\frac{1}{4}$	un quarto	5/20	cinque ventesimi
1/5	un quinto	1/100	un centesimo
1/6	un sesto	$\frac{3}{8}$	tre ottavi
1/7	un settimo	$\frac{9}{1000}$	nove millesimi
1/8	un ottavo		
1/9	un nono	$\frac{27}{30}$	ventisette trentesimi
$\frac{1}{10}$	un decimo		

Osservare:

1) Questi numerali sono seguiti dalla preposizione **di**:
Esempio:

Un terzo **della** classe darà l'esame (la terza parte...).
Due quinti **della** spesa sono a carico del Comune.

2) « mezzo » si accorda nel genere e nel numero con il nome:
Esempio:

Un mez**zo** bicchiere di vino
Una mez**za** bottiglia di vino
Hanno bevuto tre mez**zi** **litri** di vino ciascuno
Hanno bevuto tre mez**ze** bottiglie di vino

« doppio » indica due volte la stessa cosa (quantità)
« triplo » indica tre volte la stessa cosa (quantità)
Esempio:

Il mio stipendio è di 200.000 lire, il suo è il **doppio** del mio (= 400.000 lire), quello del Direttore è il **triplo** (= 600.000 lire).

« duplice » indica due cose (quantità) diverse comprese in una sola.
« triplice » indica tre cose (quantità) diverse comprese in una sola.

Esempio:

Le scarpe di cuoio vero hanno il **duplice** vantaggio di **essere comode** e di **durare a lungo.**

comodità e durata = duplice vantaggio

Numerali che indicano una quantità approssimativa

Esempio:

10 dollari = quantità esatta, né più né meno di 10
una **decina di** dollari = quantità approssimativa, circa 10, più o meno

Ecco **le forme più usate:**

circa 12 — una dozzina **di** rose
circa 24 — due dozzine **di** rose
circa 15 — una quindicina **di** persone
circa 20 — una ventina **di** persone
circa 30 — una trentina **di** persone
circa 50 — una quarantina **di** persone
circa 40 — una cinquantina **di** persone
circa 100 — un centinaio **di** dollari
circa 200 — due centinaia **di** dollari
circa 1000 — un migliaio **di** dollari
circa 2000 — due migliaia **di** dollari

Espressioni speciali per esprimere:

A) **L'ora:** eccetto che per l'ora **una,** le ore si esprimono al femminile plurale.

Esempio:

è l'**una**
sono **le** due, **le** tre, **le** quattro, **le** cinque, **le** sei, ecc.
sono **le** due e un quarto (2, 1/4)
sono **le** due e tre quarti (2, 3/4)
sono **le** due e mezza (2,30)
sono **le** 2,45 (le due e tre quarti, le due e quarantacinque minuti, le tre meno un quarto).

B) **La data:** eccetto che per il primo giorno del mese, per indicare la data si usano i numerali di quantità preceduti dall'articolo.

Esempio:

1 marzo = il **primo** marzo
2 marzo = il **due** marzo (non: il secondo)
3 marzo = il **tre** marzo
20 marzo = il **venti** marzo

C) **L'età:**

Questa ragazza **ha** vent'anni (20 anni).
È una ragazza **di** vent'anni — È **ventenne**.

Tutte e tre le forme indicano l'età esatta della persona.

Questa ragazza **ha** circa vent'anni.
Questa ragazza **ha una ventina** d'anni.
È una ragazza **sui** vent'anni.
È una ragazza **sulla** ventina.

Tutte e quattro le forme indicano l'età approssimativa della persona.

Coniugazione del verbo AVERE

MODO INDICATIVO

Presente	Passato pross.	Imperfetto	Trapass. pross.
io ho	ho avuto	avevo	avevo avuto
tu hai	hai avuto	avevi	avevi avuto
egli ha	ha avuto	aveva	aveva avuto
noi abbiamo	abbiamo avuto	avevamo	avevamo avuto
voi àvete	avete avuto	avevate	avevate avuto
essi hanno	hanno avuto	avevano	avevano avuto

Passato rem.	Trapass. rem.	Futuro	Futuro ant.
io ebbi	ebbi avuto	avrò	avrò avuto
tu avesti	avesti avuto	avrai	avrai avuto
egli ebbe	ebbe avuto	avrà	avrà avuto
noi avemmo	avemmo avuto	avremo	avremo avuto
voi aveste	aveste avuto	avrete	avrete avuto
essi ebbero	ebbero avuto	avranno	avranno avuto

MODO CONGIUNTIVO

Presente	Passato	Imperfetto	Trapassato
io abbia	abbia avuto	avessi	avessi avuto
tu abbia	abbia avuto	avessi	avessi avuto
egli abbia	abbia avuto	avesse	avesse avuto
noi abbiamo	abbiamo avuto	avessimo	avessimo avuto
voi abbiate	abbiate avuto	aveste	aveste avuto
essi abbiano	abbiano avuto	avessero	avessero avuto

MODO CONDIZIONALE   MODO IMPERATIVO

Semplice	Composto		
io avrei	avrei avuto	(tu)	abbi! (neg. non avere!)
tu avresti	avresti avuto	(Lei)	abbia!
egli avrebbe	avrebbe avuto	(noi)	abbiamo!
noi avremmo	avremmo avuto	(voi)	abbiate!
voi avreste	avreste avuto	(Loro)	abbiano!
essi avrebbero	avrebbero avuto		

MODO INFINITO   MODO PARTICIPIO   MODO GERUNDIO

Semplice	Composto	Presente	Passato	Semplice	Composto
avere	aver avuto	avente (raro)	avuto	avendo	avendo avuto

---

(1) Per la coniugazione irregolare v. qui p. 58 e i capitoli dedicati ad ogni singolo modo e tempo.

Coniugazione del verbo ESSERE

MODO INDICATIVO

Presente	Passato pross.	Imperfetto	Trapass. pross.
io sono	sono stato, a	ero	ero stato, a
tu sei	sei stato, a	eri	eri stato, a
egli è	è stato, a	era	era stato, a
noi siamo	siamo stati, e	eravamo	eravamo stati, e
voi siete	siete stati, e	eravate	eravate stati, e
essi sono	sono stati, e	erano	erano stati, e

Passato rem.	Trapass. rem.	Futuro	Futuro ant.
io fui	fui stato, a	sarò	sarò stato, a
tu fosti	fosti stato, a	sarai	sarai stato, a
egli fu	fu stato, a	sarà	sarà stato, a
noi fummo	fummo stati, e	saremo	saremo stati, e
voi foste	foste stati, e	sarete	sarete stati, e
essi furono	furono stati, e	saranno	saranno stati, e

MODO CONGIUNTIVO

Presente	Passato	Imperfetto	Trapassato
io sia	sia stato, a	fossi	fossi stato, a
tu sia	sia stato, a	fossi	fossi stato, a
egli sia	sia stato, a	fosse	fosse stato, a
noi siamo	siamo stati, e	fossimo	fossimo stati, e
voi siate	siate stati, e	foste	foste stati, e
essi siano	siano stati, e	fossero	fossero stati, e

MODO CONDIZIONALE   MODO IMPERATIVO

Semplice	Composto		
io sarei	sarei stato, a	(tu)	sii!
tu saresti	saresti stato, a		(neg. non essere!)
egli sarebbe	sarebbe stato, a	(Lei)	sia!
noi saremmo	saremmo stati, e	(noi)	siamo!
voi sareste	sareste stati, e	(voi)	siate!
essi sarebbero	sarebbero stati, e	(Loro)	siano!

MODO INFINITO   MODO PARTICIPIO   MODO GERUNDIO

Semplice	Composto	Presente	Passato	Semplice	Composto
essere	essere stato, a, i, e	—	stato, a, i, e	essendo	essendo stato, a, i, e

Prima coniugazione: AMARE

MODO INDICATIVO

Presente	Passato pross.	Imperfetto	Trapass. pross.
io am **o**	ho amato	am **avo**	avevo amato
tu am **i**	hai amato	am **avi**	avevi amato
egli am **a**	ha amato	am **ava**	aveva amato
noi am **iamo**	abbiamo amato	am **avamo**	avevamo amato
voi am **ate**	avete amato	am **avate**	avevate amato
essi am **ano**	hanno amato	am **avano**	avevano amato

Passato rem.	Trapass. rem.	Futuro	Futuro ant.
io am **ai**	ebbi amato	am **erò**	avrò amato
tu am **asti**	avesti amato	am **erai**	avrai amato
egli am **ò**	ebbe amato	am **erà**	avrà amato
noi am **ammo**	avemmo amato	am **eremo**	avremo amato
voi am **aste**	aveste amato	am **erete**	avrete amato
essi am **arono**	ebbero amato	am **eranno**	avranno amato

MODO CONGIUNTIVO

Presente	Passato	Imperfetto	Trapassato
io am **i**	abbia amato	am **assi**	avessi amato
tu am **i**	abbia amato	am **assi**	avessi amato
egli am **i**	abbia amato	am **asse**	avesse amato
noi am **iamo**	abbiamo amato	am **assimo**	avessimo amato
voi am **iate**	abbiate amato	am **aste**	aveste amato
essi am **ino**	abbiano amato	am **assero**	avessero amato

MODO CONDIZIONALE   MODO IMPERATIVO

Semplice	Composto		
io am **erei**	avrei amato	(tu) am **a**!	(neg. non amare!)
tu am **eresti**	avresti amato	(Lei) am **i**!	
egli am **erebbe**	avrebbe amato	(noi) am **iamo**!	
noi am **eremmo**	avremmo amato	(voi) am **ate**!	
voi am **ereste**	avreste amato	(Loro) am **ino**!	
essi am **erebbero**	avrebbero amato		

MODO INFINITO   MODO PARTICIPIO   MODO GERUNDIO

Semplice	Composto	Presente	Passato	Semplice	Composto
amare	aver amato	amante	amato	amando	avendo amato

Seconda coniugazione: TEMERE

MODO INDICATIVO

Presente	Passato pross.	Imperfetto	Trapass. pross.
io tem **o**	ho temuto	tem **evo**	avevo temuto
tu tem **i**	hai temuto	tem **evi**	avevi temuto
egli tem **e**	ha temuto	tem **eva**	aveva temuto
noi tem **iamo**	abbiamo temuto	tem **evamo**	avevamo temuto
voi tem **ete**	avete temuto	tem **evate**	avevate temuto
essi tem **ono**	hanno temuto	tem **evano**	avevano temuto

Passato rem.	Trapass. rem.	Futuro	Futuro ant.
io tem **ei**	ebbi temuto	tem **erò**	avrò temuto
tu tem **esti**	avesti temuto	tem **erai**	avrai temuto
egli tem **é**	ebbe temuto	tem **erà**	avrà temuto
noi tem **emmo**	avemmo temuto	tem **eremo**	avremo temuto
voi tem **este**	aveste temuto	tem **erete**	avrete temuto
essi tem **erono**	ebbero temuto	tem **eranno**	avranno temuto

MODO CONGIUNTIVO

Presente	Passato	Imperfetto	Trapassato
io tem **a**	abbia temuto	tem **essi**	avessi temuto
tu tem **a**	abbia temuto	tem **essi**	avessi temuto
egli tem **a**	abbia temuto	tem **esse**	avesse temuto
noi tem **iamo**	abbiamo temuto	tem **essimo**	avessimo tem.
voi tem **iate**	abbiate temuto	tem **este**	aveste temuto
essi tem **ano**	abbiano temuto	tem **essero**	avessero temuto

MODO CONDIZIONALE   MODO IMPERATIVO

Semplice	Composto		
io tem **erei**	avrei temuto	(tu) tem **i**! (neg. non temere!)
tu tem **eresti**	avresti temuto	(Lei) tem **a**!
egli tem **erebbe**	avrebbe temuto	(noi) tem **iamo**!
noi tem **eremmo**	avremmo temuto	(voi) tem **ete**!
voi tem **ereste**	avreste temuto	(Loro) tem **ano**!
essi tem **erebbero**	avrebbero temuto		

MODO INFINITO   MODO PARTICIPIO   MODO GERUNDIO

Semplice	Composto	Presente	Passato	Semplice	Composto
temere	aver temuto	temente	temuto	temendo	avendo temuto

Terza coniugazione: SERVIRE

MODO INDICATIVO

Presente	Passato pross.	Imperfetto	Trapass. pross.
io serv **o**	ho servito	serv **ivo**	avevo servito
tu serv **i**	hai servito	serv **ivi**	avevi servito
egli serv **e**	ha servito	serv **iva**	aveva servito
noi serv **iamo**	abbiamo servito	serv **ivamo**	avevamo servito
voi serv **ite**	avete servito	serv **ivate**	avevate servito
essi serv **ono**	hanno servito	serv **ivano**	avevano servito

Passato rem.	Trapass. rem.	Futuro	Futuro ant.
io serv **ii**	ebbi servito	serv **irò**	avrò servito
tu serv **isti**	avesti servito	serv **irai**	avrai servito
egli serv **ì**	ebbe servito	serv **irà**	avrà servito
noi serv **immo**	avemmo servito	serv **iremo**	avremo servito
voi serv **iste**	aveste servito	serv **irete**	avrete servito
essi serv **irono**	ebbero servito	serv **iranno**	avranno servito

MODO CONGIUNTIVO

Presente	Passato	Imperfetto	Trapassato
io serv **a**	abbia servito	serv **issi**	avessi servito
tu serv **a**	abbia servito	serv **issi**	avessi servito
egli serv **a**	abbia servito	serv **isse**	avesse servito
noi serv **iamo**	abbiamo servito	serv **issimo**	avessimo serv.
voi serv **iate**	abbiate servito	serv **iste**	aveste servito
essi serv **ano**	abbiano servito	serv **issero**	avessero servito

MODO CONDIZIONALE MODO IMPERATIVO

Semplice	Composto		
io serv **irei**	avrei servito	(tu)	serv **i**! (neg. non servire!)
tu serv **iresti**	avresti servito	(Lei)	serv **a**!
egli serv **irebbe**	avrebbe servito	(noi)	serv **iamo**!
noi serv **iremmo**	avremmo servito	(voi)	serv **ite**!
voi serv **ireste**	avreste servito	(Loro)	serv **ano**!
essi serv **irebbero**	avrebbero servito		

MODO INFINITO MODO PARTICIPIO MODO GERUNDIO

Semplice	Composto	Presente	Passato	Semplice	Composto
servire	aver servito	servente	servito	servendo	avendo servito

Nota bene: seguono la coniugazione di **servire** solo pochi verbi: avvertire, bollire, cucire, dormire, fuggire, nutrire, pentirsi, seguire, vestire e i loro composti.

La stragrande maggioranza dei verbi in -ire segue la coniugazione in -**isc**.

io fin **isc** o	che io fin **isc** a	(tu) fin **isc** i!
tu fin **isc** i	che tu fin **isc** a	(Lei) fin **isc** a!
egli fin **isc** e	che egli fin **isc** a	(Loro) fin **isc** ano!
noi fin iamo	che noi fin iamo	
voi fin ite	che voi fin iate	
essi fin **isc** ono	che essi fin **isc** ano	

La coniugazione PASSIVA

MODO INDICATIVO	Presente	sono lodato, a; siamo lodati, e
	Pass. prossimo	sono stato, a lodato, a; siamo stati, e lodati, e
	Imperfetto	ero lodato, a; eravamo lodati, e
	Trap. prossimo	ero stato, a lodato, a; eravamo stati, e lodati, e
	Pass. remoto	fui lodato, a; fummo lodati, e
	Trap. remoto (più raro)	fui stato, a lodato, a; fummo stati, e lodati, e
	Futuro semplice	sarò lodato, a; saremo lodati, e
	Futuro anteriore	sarò stato, a lodato, a; saremo stati, e lodati, e
MODO CONGIUNTIVO	Presente	sia lodato, a; siamo lodati, e
	Passato	sia stato, a lodato, a; siamo stati, e lodati, e
	Imperfetto	fossi lodato, a; fossimo lodati, e
	Trapassato	fossi stato, a lodato, a; fossimo stati, e lodati, e
MODO CONDIZIONALE	Semplice	sarei lodato, a; saremmo lodati, e
	Composto	sarei stato, a lodato, a; saremmo stati, e lodati, e
MODO IMPERATIVO		sii lodato, a; siate lodati, e
MODO INFINITO	Semplice	essere lodato, a, i, e
	Composto	essere stato, a, i, e lodato, a, i, e
MODO PARTICIPIO	Presente	--
	Passato	lodato, a, i, e
MODO GERUNDIO	Semplice	essendo lodato, a, i, e
	Composto	essendo stato, a, i, e lodato, a, i, e

PRINCIPALI VERBI IRREGOLARI
(in ordine alfabetico)

Avvertenze

Scopo delle tabelle che seguono è di offrire uno strumento di consultazione, e, insieme, di mettere lo studente nelle condizioni migliori per apprendere agevolmente le forme dei più importanti verbi irregolari. Con un solo sguardo lo studente dovrebbe essere in grado di individuare quali sono i modi ed i tempi in cui i vari verbi presentano irregolarità.

Per quanto concerne l'ordine di presentazione delle forme, si è proceduto nel modo seguente:

1. In primo luogo viene il participio passato, poiché è la forma che fa registrare il maggior numero di irregolarità ed un'alta frequenza d'uso, dal momento che serve a formare tutti i tempi composti.

2. Il passato remoto segue il participio passato, con il quale presenta in moltissimi casi una stretta somiglianza (v. pp. 58-62). Di questo tempo viene data soltanto la prima persona (*io*), dalla quale si ricavano automaticamente la terza singolare e plurale (*lui, loro*). Le altre tre (*tu, noi, voi*) si desumono dall'infinito.

    Es.: *chiudere:* io chiusI   lui chiusE   loro chiusERO

    tu *chiud*esti   noi *chiud*emmo   voi *chiud*este

    Nei pochi casi in cui ciò non è possibile si dà anche la seconda singolare (*tu*), da cui si ricavano le altre due (*noi* e *voi*).

    Es.: dire: dissi - dicesti } dicemmo / diceste

3. Il presente dell'indicativo e del congiuntivo vengono proposti insieme, poiché entrambi presentano le stesse irregolarità (v. pp. 15-19). Di solito si dà soltanto la prima persona (*io*), dalla quale si deducono tutte le altre. Nel caso in cui ciò non è possibile vengono date tutte le forme.

4. Lo stesso criterio viene seguito rispettivamente per l'imperfetto dell'indicativo e dal congiuntivo (v. p. 94) e per il futuro ed il condizionale (v. p. 38).

5. L'imperativo, che, tranne pochissimi casi, non ha forme proprie, viene dato dopo il presente indicativo e congiuntivo, di cui prende in prestito le forme (indicativo per *tu, noi* e *voi*, congiuntivo per *Lei* e *Loro*) (v. p. 116).

    Es. Carlo, con quella penna scrivi male,   *scrivi* con questa!
    Ragazzi, con quelle penne scrivete male,   *scrivete* con queste!
    Con queste penne scriviamo male,   *scriviamo* con quelle!
    Signorina, bisogna che scriva più chiaro.   Per favore, *scriva* più chiaro!
    Signori, bisogna che scrivano più chiaro.   Per favore, *scrivano* più chiaro!

Infinito	Part. pass.	Pass. remoto	Presente Indic.	Presente Cong.	Imperativo	Imperfetto Indic.	Imperfetto Cong.	Futuro	Condizionale
Accendere	acceso	accesi	—	—	—	—	—	—	—
Accludere	accluso	acclusi	—	—	—	—	—	—	—
Accorgersi	accorto(si)	mi accorsi	—	—	—	—	—	—	—
Addurre	addotto	addussi, adducesti,...	adduco	adduca	adduci!	adducevo	adducessi	addurrò	addurrei
Affliggere	afflitto	afflissi	—	—	—	—	—	—	—
Andare	—	—	vado (vo), vai, va, andiamo, andate, vanno	vada...	va'! (vai!) vada! andiamo! andate! vadano!	—	—	andrò	andrei
Annettere	annesso	annettei (annessi)	—	—	—	—	—	—	—
Apparire	apparso	apparii (apparvi) o (apparsi)	appaio (apparisco)	appaia (apparisca)	—	—	—	—	—
Appendere	appeso	appesi	—	—	—	—	—	—	—
Aprire	aperto	aprii (apersi)	—	—	—	—	—	—	—
Ardere	arso	arsi	—	—	—	—	—	—	—
Assalire	—	—	assalgo (assalisco)	assalga (assalisca)	—	—	—	—	—

Infinito	Part. pass.	Pass. remoto	Presente Indic.	Presente Cong.	Imperativo	Imperfetto Indic.	Imperfetto Cong.	Futuro	Condizionale
Assolvere	assolto	assolsi (assolvei)	—	—	—	—	—	—	—
Assorbire	assorbito (assorto agg.)	—	assorbo (assorbisco)	assorba (assorbisca)	—	—	—	—	—
Assumere	assunto	assunsi	—	—	—	—	—	—	—
Benedire	benedetto	benedissi (benedii) benedicesti...	—	—	benedici! benedicete!	benedicevo (benedivo)	benedicessi	—	—
Bere	bevuto	bevvi (bevetti) bevesti...	bevo	beva	bevi!	bevevo	bevessi	berrò	berrei
Cadere	—	caddi	—	—	—	—	—	cadrò	cadrei
Cedere (e Concedere)	— concesso	—	—	—	—	—	—	—	—
Chiedere	chiesto	chiesi	—	—	—	—	—	—	—
Chiudere	chiuso	chiusi	—	—	—	—	—	—	—
Cingere	cinto	cinsi	—	—	—	—	—	—	—
Cogliere	colto	colsi	colgo	colga	—	—	—	—	—

Infinito	Part. pass.	Pass. remoto	Presente Indic.	Presente Cong.	Imperativo	Imperfetto Indic.	Imperfetto Cong.	Futuro	Condizionale
Compiere (e Compire)	— —	— —	compio (compisco)	compia	compi!	— —	— —	compirò	compirei
Comprimere	compresso	compressi	—	—	—	—	—	—	—
Conoscere	conosciuto	conobbi	—	—	—	—	—	—	—
Correre	corso	corsi	—	—	—	—	—	—	—
Costrurire	—	costruii (costrussi)	costruisco	costruisca	—	—	—	—	—
Crescere	cresciuto	crebbi	—	—	—	—	—	—	—
Cuocere	cotto	cossi, cocesti,...	—	—	—	—	—	cocerò	cocerei
Dare	dato	detti (diedi), desti, dette (diede), demmo, deste, dettero (diedero)	do, dai, dà, diamo, date, danno	dia, dia, dia, diamo, diate, diano	da'!, dia!, diamo!, date!, diano!	—	dessi, dessi, desse, dessimo, deste, dessero	darò, darai, darà, daremo, darete, daranno	darei, daresti, darebbe, daremmo, dareste, darebbero
Decidere	deciso	decisi	—	—	—	—	—	—	—
Difendere	difeso	difesi	—	—	—	—	—	—	—
Dipingere	dipinto	dipinsi	—	—	—	—	—	—	—

Infinito	Part. pass.	Pass. remoto	Presente Indic.	Presente Cong.	Imperativo	Imperfetto Indic.	Imperfetto Cong.	Futuro	Condizionale
Dire	detto	dissi, dicesti,...	dico, dici, dice, diciamo, dite, dicono	dica, dica, dica, diciamo, diciate, dicano	di'!, dica!, diciamo!, dite!, dicano!	dicevo	dicessi	—	—
Dirigere	diretto	diressi	—	—	—	—	—	—	—
Discutere	discusso	discussi (discutei)	—	—	—	—	—	—	—
Dissuadere	dissuaso	dissuasi	—	—	—	—	—	—	—
Distinguere	distinto	distinti	—	—	—	—	—	—	—
Dividere	diviso	divisi	—	—	—	—	—	—	—
Dolere (e Dolersi)	—	dolsi	dolgo, duoli, duole, doliamo, dolete, dolgono	dolga, dolga, dolga, doliamo, doliate, dolgano	duoli!, dolga!, doliamo!, dolete!, dolgano!	—	—	dorrò	dorrei
Dovere	—	—	devo (debbo), devi, deve, dobbiamo, dovete, devono (debbono)	deva (debba), deva (debba), deva (debba), dobbiamo, dobbiate, debbano	—	—	—	dovrò, dovrai, dovrà, dovremo, dovrete, dovranno	dovrei, dovresti, dovrebbe, dovremmo, dovreste, dovrebbero
Emergere	emerso	emersi	—	—	—	—	—	—	—

Infinito	Part. pass.	Pass. remoto	Presente Indic.	Presente Cong.	Imperativo	Imperfetto Indic.	Imperfetto Cong.	Futuro	Condizionale
Esigere	esatto	—	—	—	—	—	—	—	—
Espellere	espulso	espulsi	—	—	—	—	—	—	—
Esplodere	esploso	esplosi	—	—	—	—	—	—	—
Evadere	evaso	evasi	—	—	—	—	—	—	—
Fare	fatto	feci, facesti,...	faccio (fo), fai, fa, facciamo, fate, fanno	faccia, faccia, faccia, facciamo, facciate, facciano	fa'! (fai!), faccia!, facciamo!, fate!, facciano!	facevo	facessi	farò	farei
Fingere	finto	finsi	—	—	—	—	—	—	—
Fondere	fuso	fusi	—	—	—	—	—	—	—
Friggere	fritto	frissi	—	—	—	—	—	—	—
Giacere	giaciuto	giacqui	giaccio, giaci, giace, giacciamo (giaciamo), giacete, giacciono	giaccia	—	—	—	—	—
Giungere	giunto	giunsi	—	—	—	—	—	—	—
Godere	—	—	—	—	—	—	—	godrò (goderò)	godrei (goderei)

Infinito	Part. pass.	Pass. remoto	Presente Indic.	Presente Cong.	Imperativo	Imperfetto Indic.	Imperfetto Cong.	Futuro	Condizionale
Incidere	inciso	incisi	—	—	—	—	—	—	—
Indulgere	indulto	indulsi	—	—	—	—	—	—	—
Intridere	intriso	intrisi	—	—	—	—	—	—	—
Ledere	leso	lesi	—	—	—	—	—	—	—
Leggere	letto	lessi	—	—	—	—	—	—	—
Maledire (v. Benedire)									
Mettere	messo	misi	—	—	—	—	—	—	—
Mordere	morso	morsi	—	—	—	—	—	—	—
Morire	morto	—	muoio, muori, muore, moriamo, morite, muoiono	muoia, muoia, muoia, moriamo, moriate, muoiano	muori! muoia! moriamo! morite! muoiano!	—	—	morirò (morrò)	morirei (morrei)
Mungere	munto	munsi	—	—	—	—	—	—	—
Muovere	mosso	mossi, movesti,...	muovo, muovi, muove, moviamo, movete, muovono	muova, muova, muova, moviamo, moviate, muovano	—	—	—	—	—

Infinito	Part. pass.	Pass. remoto	Presente Indic.	Presente Cong.	Imperativo	Imperfetto Indic.	Imperfetto Cong.	Futuro	Condizionale
Nascere	nato	nacqui	—	—	—	—	—	—	—
Nascondere	nascosto	nascosi	—	—	—	—	—	—	—
Nuocere	n(u)ociuto	nocqui, n(u)ocesti,...	noccio (nuoccio), nuoci, nuoce, n(u)ociamo, n(u)ocete, n(u)occiono	n(u)occia	nuoci!	—	—	nocerò (nuocerò)	nocerei (nuocerei)
Offrire	offerto	offrii (offersi)	—	—	—	—	—	—	—
Parere	parso	parvi	paio, pari, pare, pariamo, parete, paiono	paia	—	—	—	parrò	parrei
Pendere	—	pendei (pendetti) (regolare)	—	—	—	—	—	—	—

Nota:
I composti **appendere, dipendere, sospendere,** al pass. rem. fanno:

appesi,
dipesi,
sospesi

Infinito	Part. pass.	Pass. remoto	Presente Indic.	Presente Cong.	Imperativo	Imperfetto Indic.	Imperfetto Cong.	Futuro	Condizionale
Percuotere	percosso	percossi, percotesti,...	percuoto, percuoti, percuote, percotiamo, percotete, percuotono	percuota	—	—	—	—	—
Perdere	perso (perduto)	persi (perdei, perdetti)	—	—	—	—	—	—	—
Persuadere	persuaso	persuasi	—	—	—	—	—	—	—
Piacere	piaciuto	piacqui	piaccio, piaci, piace, piacciamo, piacete, piacciono	piaccia	—	—	—	—	—
Piangere	pianto	piansi	—	—	—	—	—	—	—
Piovere	—	piovve, piovvero	—	—	—	—	—	—	—
Porgere	porto	porsi	—	—	—	—	—	—	—
Porre	posto	posi, ponesti,...	pongo, poni, pone, poniamo, ponete, pongono	ponga	poni!	ponevo	ponessi	porrò	porrei

Infinito	Part. pass.	Pass. remoto	Presente Indic.	Presente Cong.	Imperativo	Imperfetto Indic.	Imperfetto Cong.	Futuro	Condizionale
Potere	—	potei (potetti), potesti, poté (potette), potemmo, poteste, poterono (potettero)	posso, puoi, può, possiamo, potete, possono	possa	—	—	—	potrò	potrei
Prendere	preso	presi	—	—	—	—	—	—	—
Proteggere	protetto	protessi	—	—	—	—	—	—	—
Pungere	punto	punsi	—	—	—	—	—	—	—
Radere	raso	rasi	—	—	—	—	—	—	—
Redigere	redatto	redassi (redigei, redigetti)	—	—	—	—	—	—	—
Reggere	retto	ressi	—	—	—	—	—	—	—
Rendere	reso	resi	—	—	—	—	—	—	—
Ridere	riso	risi	—	—	—	—	—	—	—
Rimanere	rimasto	rimasi	rimango, rimani, rimane, rimaniamo, rimanete, rimangono	rimanga	rimani! rimanga! rimaniamo! rimanete! rimangano!	—	—	rimarrò	rimarrei

Infinito	Part. pass.	Pass. remoto	Presente Indic.	Presente Cong.	Imperativo	Imperfetto Indic.	Imperfetto Cong.	Futuro	Condizionale
Rispondere	risposto	risposi	—	—	—	—	—	—	—
Rodere	roso	rosi	—	—	—	—	—	—	—
Rompere	rotto	ruppi	—	—	—	—	—	—	—
Salire	—	—	salgo, sali, sale, saliamo, salite, salgono	salga	sali!, salga!, saliamo, salite, salgano!	—	—	—	—
Sapere	—	seppi	so, sai, sa, sappiamo, sapete, sanno	sappia	sappi!, sappia!, sappiamo! sappiate! sappiano!	—	—	saprò	saprei
Scegliere	scelto	scelsi	scelgo, scegli, sceglie, scegliamo, scegliete, scelgono	scelga	—	—	—	—	—
Scendere	sceso	scesi	—	—	—	—	—	—	—
Scindere	scisso	scissi	—	—	—	—	—	—	—
Sciogliere	sciolto	sciolsi	sciolgo, sciogli, scioglie, sciogliamo, sciogliete, sciolgono	sciolga	—	—	—	—	—

Infinito	Part. pass.	Pass. remoto	Presente Indic.	Presente Cong.	Imperativo	Imperfetto Indic.	Imperfetto Cong.	Futuro	Condizionale
Scorgere	scorto	scorsi	—	—	—	—	—	—	—
Scrivere	scritto	scrissi	—	—	—	—	—	—	—
Sedere	—	—	siedo (seggo), siedi, siede, sediamo, sedete, siedono (seggono)	sieda (segga)	siedi! sieda (segga)! sediamo! sedete! siedano (seggano)!	—	—	sederò (siederò)	sederei (siederei)
Seppellire	sepolto e seppellito	—	seppellisco	seppellisca	—	—	—	—	—
Soddisfare	—	soddisfeci, soddisfacesti	soddisfaccio (soddisfo), soddisfai (soddisfi), soddisfa (soddisfa), soddisfacciamo (soddisfiamo), soddisfate, soddisfanno (soddisfano)	soddisfaccia (soddisfi)	soddisfa! soddisfi soddisfiamo! soddisfate! soddisfino!	—	—	—	—
Soffrire	sofferto	soffrii (soffersi)	—	—	—	—	—	—	—

Infinito	Part. pass.	Pass. remoto	Presente Indic.	Presente Cong.	Imperativo	Imperfetto Indic.	Imperfetto Cong.	Futuro	Condizionale
Solere	solito	—	soglio, suoli, suole, sogliamo, solete, sogliono	soglia	—	—	—	—	—
Sorgere	sorto	sorsi	—	—	—	—	—	—	—
Spandere	spanto	—	—	—	—	—	—	—	—
Spargere	sparso	sparsi	—	—	—	—	—	—	—
Sparire	—	sparii (sparvi) sparisti, spari (sparve), sparimmo, spariste, sparirono (sparvero)	sparisco	sparisca	—	—	—	—	—
Spegnere (Spengere)	spento	spensi, (spengesti) spense, spegnemmo (spengemmo) spegneste (spengeste), spensero	spengo, spegni (spengi), spegne (spenge), spegniamo (spengiamo), spegnete (spengete), spengono	spenga, spenga, spenga, spegniamo (spengiamo) spegniate (spengiate), spengano	spegni! (spengi!)	—	—	—	—

Infinito	Part. pass.	Pass. remoto	Presente Indic.	Presente Cong.	Imperativo	Imperfetto Indic.	Imperfetto Cong.	Futuro	Condizionale
Spingere	spinto	spinsi	—	—	—	—	—	—	—
Stare	—	stetti, stesti, stette, stemmo, steste, stettero	sto, stai, sta, stiamo, state, stanno	stia	sta'! (stai!), stia!, stiamo!, state!, stiano!	—	stessi	starò	starei
Stendere	steso	stesi	—	—	—	—	—	—	—
Stringere	stretto	strinsi	—	—	—	—	—	—	—
Svenire	—	svenni	svengo	svenga	—	—	—	sverrò (svenirò)	sverrei (svenirei)
Tacere	taciuto	tacqui	taccio, taci, tace, taciamo, tacete, tacciono	taccia	—	—	—	—	—
Tendere	teso	tesi	—	—	—	—	—	—	—
Tenere	—	tenni	tengo, tieni, tiene, teniamo, tenete, tengono	tenga	tieni!, tenga!, teniamo!, tenete!, tengano!	—	—	terrò	terrei
Tingere	tinto	tinsi	—	—	—	—	—	—	—

Infinito	Part. pass.	Pass. remoto	Presente Indic.	Presente Cong.	Imperativo	Imperfetto Indic.	Imperfetto Cong.	Futuro	Condizionale
Togliere	tolto	tolsi	tolgo, togli, toglie, togliamo, togliete, tolgono	tolga	togli! tolga! togliamo! togliete! tolgano!	—	—	—	—
Torcere	torto	torsi	—	—	—	—	—	—	—
Trarre	tratto	trassi, traesti, trasse, traemmo, traeste, trassero	traggo, trai, trae, traiamo, traete, traggono	tragga	—	—	—	trarrò	trarrei
Udire	—	—	odo, odi, ode, udiamo, udite, odono	oda	—	—	—	udirò (udrò)	udirei (udrei)
Ungere	unto	unsi	—	—	—	—	—	—	—
Uscire	—	—	esco, esci, esce, usciamo, uscite, escono	esca	—	—	—	—	—
Valere	valso	valsi	valgo, vali, vale, valiamo, valete, valgono	valga	—	—	—	varrò	varrei

Infinito	Part. pass.	Pass. remoto	Presente Indic.	Presente Cong.	Imperativo	Imperfetto Indic.	Imperfetto Cong.	Futuro	Condizionale
Vedere	visto e veduto	vidi	—	—	—	—	—	vedrò	vedrei
Venire	—	venni	vengo, vieni, viene, veniamo, venite, vengono	venga	—	—	—	verrò	verrei
Vincere	vinto	vinsi	—	—	—	—	—	—	—
Vivere	vissuto	vissi	—	—	—	—	—	vivrò	vivrei
Volere	—	volli	voglio, vuoi, vuole, vogliamo, volete, vogliono	voglia	—	—	—	vorrò	vorrei
Volgere	volto	volsi	—	—	—	—	—	—	—

INDICE

Prefazione

1. Le consonanti geminate (doppie)	pag.	1
2. Divisione delle parole in sillabe	»	4
3. L'articolo	»	4
4. Le preposizioni semplici e articolate	»	9
5. Il nome (sostantivo): genere e numero	»	11
6. Il verbo - Le coniugazioni	»	14
7. Forme dell'indicativo presente - Coniugazione regolare	»	15
8. I verbi ausiliari « avere » ed « essere »	»	15
9. Particolarità delle coniugazioni al presente indicativo	»	16
10. Forma interrogativa del verbo	»	19
11. L'aggettivo	»	20
12. Gradi di comparazione	»	25
13. Verbi transitivi ed intransitivi - Complemento diretto (oggetto) e indiretto	»	27
14. Il participio passato	»	28
15. Il passato prossimo. Formazione dei tempi composti. Uso degli ausiliari	»	29
16. Accordo del participio passato con il soggetto e con l'oggetto	»	33
17. Futuro semplice e anteriore	»	37
18. Forma riflessiva del verbo	»	42
19. Aggettivi e pronomi dimostrativi	»	44
20. Aggettivi e pronomi possessivi	»	47
21. L'imperfetto indicativo	»	50
22. Pronomi personali	»	52
23. Raggruppamento dei pronomi personali atoni (Pronomi combinati)	»	57
24. Il passato remoto	»	58
25. Il perfetto (Il passato prossimo ed il passato remoto)	»	62
26. L'imperfetto ed il perfetto	»	64
27. Uso delle preposizioni	»	66
28. Particelle avverbiali e pronominali « ne », « ci » (« vi »)	»	73

29. Il piuccheperfetto: Trapassato prossimo e trapassato remoto . . . . pag. 76
30. I pronomi relativi . . . . » 79
31. Pronomi e aggettivi interrogativi . . . . . » 84
32. Schema generale dei tempi del verbo italiano . . . » 85
33. La concordanza dei tempi del modo indicativo . . . » 86
34. Il modo del verbo . . . . » 88
35. Il condizionale . . . . » 90
36. Il modo congiuntivo . . . . » 93
37. La concordanza dei tempi del modo congiuntivo . . » 100
38. Le forme implicite . . . . » 101
39. La concordanza dei tempi e dei modi (schema) . . » 106
40. I tempi e i modi per esprimere l'azione anteriore e l'azione contemporanea . . . . » 107
41. Attrazione dei modi . . . . » 109
42. La forma passiva . . . . » 110
43. Forma impersonale del verbo . . . . . . » 113
44. Il modo imperativo . . . . » 116
45. Il periodo ipotetico . . . . » 119
46. Il discorso diretto e indiretto . . . . . . » 120
47. Aggettivi e pronomi indefiniti . . . . . . » 126
48. L'avverbio . . . . » 130
49. La coniugazione . . . . » 132
50. I numerali . . . . » 134
51. Tabella dei verbi regolari . . . . » 139